AF343834

DU VRAI

GOUVERNEMENT

DE

L'ESPECE HUMAINE.

DU VRAI

GOUVERNEMENT

DE

L'ESPECE HUMAINE.

NOUVELLE ÉDITION.

A PARIS,

DE L'IMPRIMERIE DE P. DIDOT L'AINÉ.

CHEZ DÉTERVILLE, LIBRAIRE, RUE DU BATTOIR, Nº 16.

AN XI. = M. DCCCIII.

PRÉFACE.

Cet ouvrage est, sous un titre différent, une nouvelle édition de celui
que j'ai publié à Londres il y a deux
ans, et que j'ai jugé nécessaire d'étendre au-delà des limites étroites dans
lesquelles je l'avois d'abord circon-
scrit, pas autant néanmoins que je
l'aurois voulu, dans la crainte d'en
faire un volume qu'on n'auroit pas lu
dans ce siecle où ce qui est sérieux, de
telle importance que puisse en être
l'objet, a si peu de prise sur la géné-
ralité des esprits.

Mes intentions pures et mes longs
travaux me font espérer que les hommes éclairés de toutes les contrées

s'imposeront le devoir d'examiner
avec impartialité si les principes et les
moyens sur lesquels j'ai fondé l'économie politique des gouvernements
sont ou ne sont pas d'une vérité incontestable, sont ou ne sont pas d'une
exécution facile, et de prononcer ensuite sur la plus intéressante de toutes
les questions qu'il soit possible de soumettre à la discussion des hommes,
celle de savoir s'il est aussi indubitable
que j'ai entrepris de le prouver que
l'espece humaine a été destinée à jouir
sur la terre du plus heureux et du plus
glorieux sort, ou si un état dégradant
et malheureux a dû rester son éternel
partage sur cette planete.

J'ai dérivé le gouvernement de l'espece humaine de l'unique source où

j'ai dû en puiser les vraies notions, du mode informe dans lequel la terre a été originairement liée au systême de l'univers; et la merveilleuse harmonie que m'a si distinctement présenté dans toutes ses conditions le systême de cette planete ne m'a pas laissé libre de n'en pas conclure qu'elle n'a pu émaner que du dessein prémédité d'un Créateur.

Intimement pénétré de ce premier sentiment, j'ai dû penser qu'un être infiniment bon n'avoit pu se proposer sur la terre que des vues bienfaisantes, et qu'un être infiniment sage n'avoit pu fonder ses vues que sur des moyens infaillibles.

Et après avoir mis ces deux grandes vérités dans toute leur évidence, j'en ai inféré immédiatement que gouverner l'espece humaine dans les vues et par les moyens du Créateur c'étoit infailliblement la mettre en possession des biens suprêmes qui lui ont été assurés sur la terre, et que la gouverner dans d'autres vues et par d'autres moyens c'étoit nécessairement la frustrer de ces biens : et c'est la raison pourquoi j'ai dû appeler faux et funeste tout gouvernement qui ne seroit adapté qu'aux vues et aux moyens de ceux qui gouverneroient.

J'ai prouvé ensuite que gouverner l'espece humaine dans les vues du Créateur c'étoit non seulement lui procurer tout le bien-être physique, et par conséquent toutes les nécessités, toutes les commodités, et tous

les agréments de la vie que la terre a
pu devenir capable de lui offrir, mais
aussi lui réaliser son intelligence possible dans le plus haut degré que son
organisation matérielle a dû pouvoir
admettre; et j'ai prouvé que, par les
moyens du Créateur, ses gouverneurs
n'ont dû avoir rien de plus à faire
pour l'élever à tant de bonheur et
tant de dignité que de multiplier
seulement dans chaque peuple leurs
dépenses générales dans une progression continuellement et régulièrement croissante.

Il reste à examiner si je puis me flat-
ter de n'avoir laissé aucun doute sur
ces importantes vérités; et c'est ce que
je soumets à l'attention la plus réflé-
chie de tous ceux qui se sentiront ca-

pables de prendre sur eux les fonctions de juges dans la plus intéressante de toutes les causes.

Ils auroient à juger s'il est ou n'est
pas certain que le crédit public que
je propose donneroit à ceux qui gouvernent le plus absolu pouvoir de
multiplier leur revenu public et par
conséquent leurs dépenses générales
indéfiniment sans jamais avoir besoin de multiplier pour cet effet les
contributions sur les peuples; s'il est
ou n'est pas certain qu'en ménageant
continuellement leurs dépenses générales comme je l'indique ils formeroient le plus puissant et le plus permanent principe actif dans le développement de la prospérité des peu-

ples; enfin s'il est ou n'est pas certain que dans ce nouvel ordre de choses rien ne leur manqueroit pour remplir l'objet final de tout vrai gouvernement, celui de couvrir la terre de splendeur et de magnificence dans son ordre physique, et d'hommes heureux dans son ordre moral.

Et si après m'avoir suivi pas à pas dans tout ce que j'ai avancé sur le vrai gouvernement de la terre ils n'avoient rien trouvé qui ne fût aussi certain que facilement praticable, je réclamerois alors leur puissante assistance dans la poursuite ultérieure de mes travaux, et leur demanderois la faveur de prendre eux-mêmes la plume pour éclairer et frapper les

esprits avec plus de succès que je ne
pourrois me le promettre de mes seules bonnes intentions.

Leurs nobles efforts ne pourroient
pas manquer d'amener tôt ou tard
ceux qui tiennent dans leurs mains
le sort de l'espece humaine à la sublime résolution d'abjurer leurs présents gouvernements pour ne plus
avoir d'autres vues que celles de réaliser enfin sur la terre, pour eux autant que pour leurs peuples, ce qui
n'a jamais existé jusqu'ici que dans
l'idée des hommes, l'âge d'or.

Car j'ose croire qu'on ne me repro-
chera point d'avoir manifesté moins
de zele pour la vraie gloire et l'exal-
tation de ceux qui gouvernent que
j'en ai montré pour le bonheur et

la dignité de ceux qui sont gouvernés.

Je sais que parmi mes lecteurs il s'en trouvera auxquels il paroîtra extraordinaire que j'aie fait intervenir un Créateur dans le développement du vrai gouvernement de la terre; mais si cela leur déplaît ils seront parfaitement libres d'effacer ce saint nom des pages de mon ouvrage, et de considérer seulement si les principes et les moyens que je présente à ceux qui gouvernent n'en restent pas également vrais. Et s'il leur devenoit impossible de ne pas les juger tels, ne seroit-il pas inoui que je les eusse décrédités dans leur esprit uniquement pour les avoir développés des vues d'un Créateur?

Qui est-ce qui auroit osé se croire

justifié de traiter avec indifférence les profondes et précieuses vérités que le génie de Newton a pénétrées dans le système solaire auquel nous appartenons, parcequ'il a prononcé que l'ordre et l'harmonie qui regnent dans toutes les déterminations de ce vaste système n'avoient pu être les aveugles effets de causes purement mécaniques, et qu'il les a si pieusement attribués à l'intelligence infinie d'un Créateur?

Je n'ai pas plus de droit de vouloir obliger les autres à croire à un ordonnateur suprême de toutes choses dans l'univers qu'ils n'en ont de vouloir toucher à un sentiment ineffaçablement gravé en moi.

En approfondissant le système de

la terre j'ai vu clairement que cette
planete a été formée moralement et
physiquement sur un dessein général; et c'est là, et non dans mes propres idées ni dans les idées des autres, que j'ai cherché, à l'aide d'une
chaîne de raisonnements naturels, à
pénétrer les vrais principes et les vrais
moyens de l'économie politique des
gouvernements.

Que ce dessein général ait été prémédité par un Créateur, comme j'en
ai l'intime conviction, ou qu'on le regarde, si l'on veut, comme une pure
chance, je n'en ai pas moins prouvé
que s'en écarter dans le gouvernement de l'espece humaine c'étoit inévitablement amener sur elle les malheurs et les crimes : et cela seul doit

suffire pour déterminer les athées mêmes, s'il est possible qu'il en existe, à devenir les ardents promoteurs de vues aussi dignes de l'attention de tous les ordres d'hommes que le sont celles qu'embrasse cet ouvrage.

HERRENSCHWAND.

Paris, le 1er juillet 1803.

DU VRAI
GOUVERNEMENT
DE
L'ESPECE HUMAINE.

~~~~~~~~~~~~~~~~~~~~~~~~~~~~~~~~~~~~~~~

CHAPITRE PREMIER.

Du dessein général du Créateur sur la terre.

La terre est sortie des mains du Créateur informe et brute sous tous les aspects; et il ne faut pour se convaincre de cette vérité que porter les regards sur tant de régions que la surface de cette planete présente encore aujourd'hui dans leur primitive difformité, soit en totalité chez les hordes sauvages, soit sur une multitude d'espaces épars chez les peuples même les plus civilisés.
~~~~~~~~~~~~~~~~~~~~~~~~~~~~~~~~~~~~~~~

Une autre vérité non moins certaine, puisqu'elle est fondée sur des preuves aussi démonstratives, c'est que la terre renferme au dedans d'elle tous les pouvoirs nécessaires pour devenir capable de pousser de son sein les plus précieuses richesses, et se couvrir de splendeur et de magnificence.

Or comme dans sa sagesse infinie le Créateur n'a pu ni se proposer ni arrêter rien dans l'univers sans raison finale, il faut nécessairement qu'il en ait eu une pour avoir rendu la terre capable de se développer sous le plus brillant aspect, et cependant ne l'avoir fait paroître que sous les plus hideuses apparences ; puisqu'il est impossible de supposer qu'il ait pu revêtir cette planete de pouvoirs sans vouloir qu'ils fussent réalisés sur elle.

Et s'il est de toute certitude que la terre auroit perpétuellement resté dans sa premiere imperfection si pour tous êtres animés le Créateur n'y avoit placé que de purs animaux, il est manifeste qu'il n'a pu obtenir l'accomplissement de ses vues finales sur cette planete qu'en y attachant un être capable de suppléer à ce qu'il n'a voulu ni faire lui-même, ni laisser faire aux purs animaux; et dans ses décrets éternels c'est l'homme qu'il a destiné à jouir exclusivement de cette éminente prérogative.

Ces vérités, simples et incontestables, que présente si distinctement dans son ensemble le système de la terre, dévoilent donc à l'espece humaine de la maniere la plus claire la vraie raison finale de son existence sur cette planete, et ne lui permettent plus d'ignorer que la glorieuse tâche qu'elle a dû avoir à y remplir c'est de la développer sous tous ses pouvoirs, et d'y perfectionner tout ce que le Créateur n'a jugé à propos que d'ébaucher.

Il est donc de toute évidence que le Créateur a non seulement voulu que l'homme fût l'être principal par excellence dans le système particulier de la

terre, mais qu'il fût de plus un être principal dans le système général de l'univers, puisque c'est sur lui seul qu'il s'est
reposé pour la perfection et la gloire d'une
planete entiere.

Ainsi ne reconnoître dans l'homme
qu'un pur animal de plus sur la terre,
c'est-à-dire qu'un être qui termine l'immense chaîne des purs animaux que le
Créateur a attachés à cette planete,
comme on a tant cherché à le représenter, est en contradiction manifeste avec
la haute station qui lui a été si expressé-
ment réservée dans l'ordre éternel des
choses, et ne peut être que l'impie et
l'ingrat sentiment de ceux qui dans leur
aveuglement bannissent de l'univers tout
ordonnateur suprème, et n'y admettent
ni desseins prémédités, ni raisons finales,
quoique les uns et les autres se manifes-
tent si démonstrativement dans d'innombrables cas.

Le Créateur, il est vrai, n'a point pris
sur lui-même de former l'homme com-

plètement pour sa glorieuse destination,
puisqu'il l'a laissé sortir de ses mains
aussi informe que la terre, et qu'il n'a
fait rien de plus pour lui que de le placer sur cette planete en pur animal.

Mais sous ces viles apparences il a eu
soin, non seulement de mettre dans
l'homme les germes de tous les pouvoirs
dont il devoit nécessairement avoir besoin pour répondre à sa vraie destination,
mais encore de rendre l'homme capable
de développer et réaliser ces pouvoirs
lui-même, tandis qu'il a non seulement
exclu les purs animaux de toute part au
développement des pouvoirs de la terre,
mais encore de toute part au développement de leurs propres pouvoirs.

Car comme dans le système de ses vues
ces êtres n'ont dû avoir que les pouvoirs
précisément nécessaires pour devenir
capables de remplir la tâche limitée qu'il
leur a imposée, celle de se conserver et
propager sur la terre, et qu'il a voulu
d'une maniere absolue qu'au - delà de

cette tâche ils fussent et demeurassent imperfectibles ; c'est lui-même qui s'est chargé du soin de développer, de régler, et de circonscrire leurs pouvoirs dans les bornes précises qu'il leur a fixées.

Et c'est cette détermination absolue du mode dans lequel les purs animaux ont dû exister sur la terre qui est la raison pourquoi, dans toutes les espèces, ces êtres sont aujourd'hui exactement tout ce qu'ils ont été et tout ce qu'ils seront invariablement dans tous les temps.

Mais par quelle raison finale le Créateur, en commettant à l'espèce humaine exclusivement le soin de développer la terre sous tous ses pouvoirs, ne l'a-t-il munie, pour répondre à cette destination, que de pouvoirs possibles et non de pouvoirs actuels? Manifestement parce-qu'il a voulu que l'homme fût sur la terre un être libre, c'est-à-dire un être qui eût le choix de vouloir ou de ne pas vouloir remplir sa vraie destination, et de là un

être responsable, puisque l'un est la con-
séquence naturelle de l'autre.

Et c'est encore ainsi que le Créateur a
voulu distinguer l'homme essentiellement des purs animaux ; car ayant eu la
double précaution de revêtir ces êtres de
pouvoirs actuellement déterminés, et de
les assujettir irrésistiblement à leur destination, il est évident, que dans ses intentions ils n'ont dû être sur la terre ni des
êtres libres, ni des êtres responsables.

Seroit-il donc possible que l'espece humaine pût encore un seul instant se confondre avec les purs animaux, et ne pas
se pénétrer de l'infinie différence que le
Créateur a mise entre elle et ces êtres,
en l'honorant de l'importante tâche de
prendre sur elle seule le développement
final de ses vues sur la terre ?

La parfaite liberté que le Créateur a
laissée à l'espece humaine de remplir ou
de ne pas remplir sa vraie destination
n'a été jusqu'ici que trop universellement
prouvée sur la terre, puisque jamais

nulle part elle n'a entrepris le développement des pouvoirs de cette planete comme l'a voulu le Créateur.

Et la raison de cette désobéissance aux vues dans lesquelles le Créateur l'a liée au système de la terre n'a pas été ni pu être, parcequ'elle a trouvé impossible ou infiniment difficile de répondre à de si grandes vues, puisque rien n'a dû lui être plus facile. Car la suite de cet ouvrage manifestera dans le système de la terre deux déterminations, que le Créateur a unies ensemble par la plus intime connexion.

La premiere de ces déterminations est que l'homme a dû cesser d'être un pur animal, et par conséquent commencer à s'élever au rang d'homme du moment où il commenceroit à entreprendre le développement des pouvoirs de la terre; la seconde, que le développement de ses propres pouvoirs a dû nécessairement résulter de lui-même de celui des pouvoirs de la terre.

Or ces déterminations du Créateur, qu'on mettra graduellement dans toute leur évidence, prouvent clairement que l'unique chose qu'il a exigée de l'espece humaine pour la rendre capable d'accomplir sa vraie destination c'est d'entreprendre la tâche facile de développer les pouvoirs de la terre, puisque de ce développement seul a dû mécaniquement résulter celui de ses propres pouvoirs.

Et si jusqu'ici l'homme s'est si peu éloigné de son état primitif de pur animal, ce n'est qu'à lui seul qu'il doit s'en prendre de sa basse condition, puisque ce n'est que par le développement des pouvoirs de la terre que le Créateur a entendu le rendre capable de s'élever à la vraie dignité de son être, et qu'il n'a fait jusqu'à ce jour dans ce développement que les plus foibles et les plus désordonnés progrès, quoiqu'il ait dû lui devenir si facile de l'effectuer indéfiniment.

Hommes injustes, pourquoi donc vous plaindre sans cesse de n'être que de misérables animaux, lorsque vos plaintes impies ne viennent et ne peuvent venir que de ce que vous n'avez jamais su ou jamais voulu pénétrer les vraies vues dans lesquelles le Créateur vous a placés sur la terre ; puisque vous vous seriez convaincus que, par les mesures et les précautions que son infinie bonté a prises pour vous dans le système de cette planete, vous n'avez dû rester des purs animaux pour ainsi dire qu'un seul moment ?

Pourquoi vous plaindre sans cesse des bornes de votre intelligence, lorsque ce n'est encore que pour n'avoir jamais su ou jamais voulu approfondir le vrai système de la terre, que vous avez ignoré, que le Créateur vous a tracé dans ce système les plus infaillibles moyens de développer en vous ce merveilleux pouvoir pour ainsi dire autant qu'il vous plairoit ?

Reconnoissez donc enfin que ce n'est uniquement que pour n'avoir jamais remonté aux vraies intentions dans lesquelles le Créateur a ordonné pour vous toutes choses sur la terre que vous avez osé vous permettre tant de cris, tant d'accusations et tant de blasphêmes contre lui.

Car il est de toute certitude que le malheureux et dégradant état dans lequel vous avez volontairement choisi d'exister sur la terre est en contradiction totale avec l'ordre sublime qui dans ses décrets bienfaisants a dû régner sur cette planete, et dans lequel il a pris tant de soins de vous préparer à la fois la plus heureuse et la plus glorieuse existence.

Le grand ressort que le Créateur a appliqué aux purs animaux pour les assujettir à la destination qu'il leur a prescrite sont leurs besoins naturels ; et c'est précisément avec le même ressort que l'homme est sorti et a dû nécessairement sortir des mains du Créateur, puisqu'il n'a dû d'abord être autre chose qu'un pur animal.

Mais dans les vraies vues du Créateur les besoins naturels, qui dans les purs animaux n'ont dû avoir pour toute puissance que de simplement exciter ces êtres à se conserver et propager sur la terre, ont dû avoir dans l'homme une puissance bien supérieure.

Car comme c'est du développement des pouvoirs de la terre qu'à dû dépendre l'accomplissement de la vraie destination de l'homme sur cette planete, le Créateur a voulu que ses besoins naturels eussent la puissance de le provoquer à ce développement. Et c'est ainsi que par un seul et même ressort il a porté l'homme à répondre à la fois à sa basse et à sa sublime destination dans l'univers.

Mais comme dans le système de ses vues il n'a pu ni dû rien faire en vain, il n'a pas voulu que cette puissance à provoquer l'homme au développement des pouvoirs de la terre appartînt à ses besoins naturels d'une maniere absolue, et indistinctement dans tous les modes de son existence sur cette planete.

Car comme l'espece humaine n'auroit jamais pu devenir capable de développer la terre sous tous ses pouvoirs, ni par conséquent de répondre à sa vraie destination, si ses individus avoient tous vécu dans l'état de pure nature, c'est-à-dire isolés et dans une séparation totale les uns des autres, il est manifeste que ç'auroit été sans utilité et par conséquent sans raison que le Créateur auroit donné aux besoins naturels de l'homme dans l'état de pure nature plus de puissance que n'en ont dû avoir ceux des purs animaux.

Dans l'état de pure nature l'homme auroit donc resté invariablement ce qu'il auroit été dans son origine, c'est-à-dire un pur animal, puisque dans ce mode de son existence il n'auroit jamais pu obéir qu'à la seule destination qu'il a en commun avec les purs animaux, et, de même que ces êtres, il se seroit maintenu sur les seules productions spontanées de la terre, sans jamais avoir un seul instant l'idée de réaliser les pouvoirs de cette planete.

Cette importante vérité dans le système de la terre a eu sa preuve démonstrative dans l'expérience, qui l'a attestée sans exception dans tous les cas où, par un concours de circonstances extraordinaires, des individus de l'espece humaine ont eu le malheur de se trouver réduits dès leurs premieres années à vivre solitairement parmi les purs animaux.

Ce n'est que dans l'état de société que l'espece humaine a pu devenir capable de développer la terre sous tous ses pouvoirs; et c'est la raison pourquoi ce n'est aussi que dans cet état que le Créateur a voulu que les besoins naturels de l'homme acquissent la puissance de l'entraîner au développement de tout ce qu'il a commis de grand à ses soins sur la terre.

On voit donc de quelle importance il étoit pour l'accomplissement des vues finales du Créateur sur la terre que l'espece humaine se réunît en société, puisque sans cette condition absolue toutes les préparations par lesquelles le Créateur l'a qualifiée pour sa glorieuse destination auroient été vaines.

Aussi le Créateur ne s'est-il pas contenté d'inspirer simplement à l'homme le penchant de se réunir en société avec ses semblables, mais il a voulu de plus que ce penchant fût en lui un besoin naturel aussi impérieux que le sont ses autres besoins naturels; et c'est par cette irrésistible impulsion du Créateur qu'on a vu dans tous les temps et universellement sur toute la terre l'espece humaine rassemblée en sociétés.

Le premier effet de la puissance privilégiée qu'acquierent les besoins naturels de l'homme dans l'état de société c'est de le déterminer à ôter à la nature le gouvernement de son existence pour s'en charger lui-même, ou, ce qui est la même chose, à cesser de se maintenir, comme font les purs animaux, sur les seules productions spontanées de la terre, pour ne plus pourvoir à ses besoins que par ses propres moyens.

Il ne veut plus se nourrir sur les rudes aliments que la terre lui offre d'elle-même, et il l'oblige de lui en produire de meilleurs; il ne veut plus aller nu, et il se vêtit; il ne veut plus se loger dans les informes demeures que lui présente la nature, et il se construit lui-même son habitation; en un mot il cherche à se soustraire sous tous les rapports au sévère mode dans lequel la nature lui avoit d'abord prescrit en commun avec les purs animaux de se maintenir sur la terre, et il imagine graduellement lui-même tous les moyens possibles pour rendre son existence sur cette planete commode et agréable.

Dès-lors ses besoins naturels deviennent en lui des besoins artificiels, c'est-à dire des besoins auxquels désormais l'art seul a dû pourvoir ; et il ne demande plus à la nature pour toutes choses que de lui fournir seulement les matieres brutes sur lesquelles cet art doit s'exercer. Et loin d'offenser le Créateur en s'emancipant ainsi de l'empire de la nature, il se conforme à ses plus formelles intentions, puisque c'est précisément de cette maniere qu'il s'est attendu que l'homme rempliroit sa haute destination.

Développer la terre sous tous ses pouvoirs c'est produire et effectuer sur cette planete tout ce que le Créateur y a rendu possible, mais qu'il n'a voulu ni produire ni effectuer lui-même, parceque dans son dessein général ce soin n'a dû appartenir qu'à l'homme seul.

Car dans l'état primitif de la terre le Créateur n'a point approprié à l'espece humaine une subsistance particuliere et distincte de celle des purs animaux ; il a seulement donné à la terre le pouvoir de produire à l'homme sa subsistance

séparée au moment où il se décideroit
à la lui demander.

Il n'a pas non plus présenté à l'espece humaine les matieres brutes de la
terre toutes façonnées à des usages, il les
a seulement rendues aptes à recevoir de
l'homme les formes qu'exigeroient les
usages auxquels il entreprendroit de les
appliquer.

Ainsi faire produire à la terre toute
la subsistance possible, et façonner les
matieres brutes de la terre à tous les usages possibles, voilà ce que dans les vues
du Créateur on doit entendre par développer la terre sous tous ses pouvoirs, et
en quoi a dû consister la grande tâche
que l'espece humaine a dû avoir à prendre sur elle seule.

Or comme l'espece humaine, pour devenir capable de réaliser les besoins artificiels qu'elle se donneroit, a dû nécessairement faire produire à la terre une
subsistance différente de celle qu'elle
produit d'elle-même, et façonner les ma-

tieres brutes de la terre à des usages, il est manifeste que la conversion de ses besoins naturels en besoins artificiels a dû nécessairement la conduire au développement des pouvoirs de la terre.

Et de là il est de toute évidence que l'espece humaine n'a dû avoir rien de plus à faire pour développer la terre sous tous ses pouvoirs, et remplir ainsi sa haute mission sur cette planete, que de se donner tous les besoins artificiels possibles.

Le pouvoir et de tous ses pouvoirs le plus grand que l'homme commence nécessairement à réaliser en lui du moment où il se trouve dans l'état de société (parceque c'est de ce moment qu'il commence à convertir ses besoins naturels en besoins artificiels, et par conséquent à développer les pouvoirs de la terre), c'est l'intelligence; et c'est ensuite avec l'assistance de ce sublime pouvoir qu'il devient capable de développer par degrés tous les pouvoirs de la terre.

Car comme en convertissant ses besoins naturels en besoins artificiels l'homme cherche à pourvoir à son existence par des moyens tout différents de ceux que la nature lui avoit d'abord imposés, il est évident qu'il ne peut convertir aucun besoin naturel en besoin artificiel sans inventer lui-même les moyens pour le satisfaire, et par conséquent sans combiner des moyens avec des fins.

Or comme combiner des moyens avec des fins est intelligence, il est clair que l'homme ne peut réaliser aucun besoin artificiel sans réaliser aussi en lui autant d'intelligence qu'en a exigé la manière dont il a pourvu à ce besoin.

Si, par exemple, il prend la résolution de renoncer aux demeures que lui offre la nature pour leur substituer une habitation plus commode, cette habitation plus commode devient la fin qu'il se propose, et s'il combine avec cette fin des moyens convenables, tels qu'ils puissent être, il développe en lui autant d'intelligence qu'en a exigé le mode dans lequel il s'est construit sa nouvelle habitation.

Le premier développement de l'intelligence de l'homme ne s'opère, il est vrai, que par des progrès lents et foibles, parceque dans ce développement l'intelligence, entièrement inerte, ne se réalise pas au-delà du degré précis dans lequel elle est provoquée, ni par conséquent au-delà de celui qui répond aux simples et encore très imparfaits besoins artificiels que l'homme est capable de se donner dans le premier état de société : mais ce n'est pas continuellement d'une manière aussi limitée que l'intelligence prête ses pouvoirs à l'homme.

Sitôt que l'homme se trouve avoir multiplié ses besoins artificiels jusqu'à un certain degré, son intelligence cesse de ne se réaliser en lui que par ses provocations, elle devient alors active par elle-même; et, loin d'attendre pour se développer que l'homme se donne des be-

soins artificiels, c'est elle-même qui l'ex-
cite à s'en donner en lui traçant d'avance
les moyens de les satisfaire; et ce n'est
que de ce moment que commence le vrai
et le grand développement de l'intelligence humaine.

Car dans le grand nombre d'usages
auxquels l'homme applique les choses de
la terre en multipliant ses besoins artificiels, il fournit à son intelligence les
occasions de se développer en lui sous
les deux grandes facultés qui constituent
essentiellement ses vrais pouvoirs, la faculté d'abstraire, et celle de raisonner,
ou, ce qui est la même chose, la faculté
de former des notions générales, et celle
de pénétrer l'enchaînement des choses.

C'est naturellement que l'intelligence
se développe dans l'homme sous ces deux
grands pouvoirs; car le Créateur a mis
dans sa nature que d'elle-même elle formeroit par abstraction des principes généraux toutes les fois qu'elle apperce-
vroit des résultats semblables dans un

grand nombre de cas; et il a mis dans sa nature que d'elle-même elle appliqueroit par le raisonnement les principes généraux à tous les résultats qui leur appartiendroient.

Et c'est la raison pourquoi, après avoir vu agir le feu, l'air, l'eau comme principes particuliers dans un grand nombre de cas, l'intelligence de l'homme a naturellement formé ces éléments en principes généraux, et les a ensuite appliqués comme tels par le raisonnement à une infinité de cas nouveaux.

Merveilleux effet d'une circonstance aussi simple que celle de la réunion de l'espece humaine en sociétés! Dans l'état de pure nature les besoins naturels de l'homme n'auroient jamais eu la puissance de l'exciter à se donner des besoins artificiels, ni par conséquent à développer en lui de l'intelligence; et ils acquierent cette puissance sur-le-champ dans l'état de société, quoique le passage des hommes de l'état de pure nature à celui de société n'ait pu être rien de plus qu'un rapprochement de leurs corps.

Mais c'est ainsi que l'a voulu le Créateur par l'absolue connexion qu'il a établie, d'abord entre la réunion des hommes en sociétés et la conversion de leurs besoins naturels en besoins artificiels, et ensuite entre la conversion de leurs besoins naturels en besoins artificiels et le développement de leur intelligence.

Et l'expérience a manifesté universellement sur toute la terre cette double précaution que le Créateur a prise de faire nécessairement émaner les besoins artificiels de l'homme de sa réunion en société avec ses semblables, et son intelligence de ses besoins artificiels.

Car on n'a jamais vu aucune société humaine, quelque brute et sauvage qu'elle ait pu être, qui n'ait appliqué les choses de la terre à l'universalité de ses besoins que précisément dans l'état où la nature les présente, et n'ait par conséquent développé en elle ni besoins artificiels ni intelligence quelconques.

C'est tout autrement que les purs animaux ont dû exister sur la terre ; car dans le plan du Créateur ces êtres, solitaires ou réunis ensemble, ont dû rester éternellement incapables d'étendre leur intelligence au-delà de celle qu'il leur a imprimée et fixée pour toujours.

Et c'est la raison pourquoi dans leurs innombrables especes on n'en a jamais vu aucune qui ait été capable de convertir un seul de ses besoins naturels en besoin artificiel, et qui n'ait pas été forcée de maintenir son existence tout entiere sur les seules productions spontanées de la nature.

On voit donc clairement que le Créateur, en plaçant l'homme dans l'état de société, a pu dès ce moment l'abandonner à sa propre conduite, puisque dans cet état il l'a rendu capable de se gouverner lui-même, et d'accomplir sans autre préparation de sa part la vraie destination qu'il lui a fixée sur la terre.

Car une fois devenu capable de se créer lui-même des besoins artificiels, il a pu les multiplier à l'infini ; et comme chaque besoin artificiel a dû nécessairement développer en lui autant d'intelligence qu'il en auroit fallu pour le réaliser, il est évident qu'en se donnant tous les besoins artificiels possibles, il a dû aussi se donner toute l'intelligence dont il pouvoit être susceptible sur la terre.

Et c'est ainsi qu'une fois réuni en société avec ses semblables, l'homme a pu devenir capable de développer lui-même les pouvoirs dont le Créateur n'avoit mis en lui que les simples germes.

Il est donc impossible de ne pas rester convaincu que rien ne manque à l'homme dans l'état de société pour remplir sa vraie destination, et réaliser sur la terre tout ce que le Créateur a confié à ses soins, et n'a voulu tenir que de ses seules mains.

Car est-il une seule précaution que le Créateur n'ait pas prise pour rendre

non seulement possible, mais infiniment
facile à l'homme de répondre aux vues
dans lesquelles il l'a lié au système de la
terre ?

Ne lui a-t-il pas donné l'organisation
dont il devoit précisément avoir besoin
pour devenir capable de développer la
terre sous tous ses pouvoirs ? et ne l'a-t-
il pas arraché à l'impuissant état de pure
nature en gravant en lui l'irrésistible
penchant de se réunir en société avec ses
semblables ?

N'a-t-il pas imprimé à ses besoins naturels dans l'état de société la puissance
de l'exciter à se donner indéfiniment
des besoins artificiels, et à ses besoins
artificiels la puissance de développer en
lui indéfiniment de l'intelligence ?

En un mot n'est-il pas de toute certitude qu'il a formé l'homme, sous tous les
rapports, si précisément pour sa vraie
destination que l'espèce humaine n'a
dû avoir besoin de rien de plus pour
développer la terre sous tous ses pou-

voirs, et se développer elle-même sous tous les siens que de simplement le vouloir.

Telle est l'harmonie merveilleuse dans laquelle le Créateur a lié ensemble, dans le système de la terre, les conditions essentiellement nécessaires pour qualifier l'homme à prendre sur lui seul le développement de tout ce qui a dû être grand sur cette planete, et par conséquent à répondre à la plus glorieuse tâche qui ait pu être commise à un être occupant en apparence une station si limitée dans l'univers.

Peut-on donc croire qu'il puisse encore exister des hommes assez aveugles pour ne voir dans cette harmonie des conditions, qu'embrasse dans son ensemble le système de la terre, qu'une pure chance, et n'y pas reconnoître un dessein prémédité de fixer à l'espece humaine sur cette planete une destination aussi heureuse que glorieuse, et de plus infiniment facile à remplir?

Mais n'avoir rien laissé manquer à l'homme pour le rendre capable de remplir sa vraie destination n'est pas encore tout ce que le Créateur a fait pour pouvoir attendre de lui le développement final de ses vues sur la terre.

Dans son plan il n'a pas voulu que l'homme fît rien pour lui gratuitement ni dans sa basse ni dans sa sublime destination; et plus les services qu'il a exigés de lui ont intéressé l'ordre et la gloire de l'univers, plus aussi la récompense qu'il y a attachée a été grande.

Il a imposé à l'homme dans sa basse destination la double obligation de se conserver et se propager sur la terre; et le plaisir est la récompense dont il a gratifié chaque acte par lequel il s'acquitteroit de ces deux devoirs.

Dans sa sublime destination il lui a prescrit de prendre sur lui le perfectionnement de tout ce qu'il a laissé informe sur la terre; et sa récompense, en remplissant cette importante tâche, a dû être de jouir du plus grand bien-être physique, et par conséquent du plus grand bonheur dont son existence sur la terre pouvoit être susceptible.

Car comme le bien-être physique de l'homme consiste dans la jouissance des nécessités, des commodités, et des agrémens de la vie; il est manifeste que développer la terre sous tous ses pouvoirs, c'est-à-dire lui faire produire toute la subsistance possible, et façonner ses matieres brutes à tous les usages possibles, a dû nécessairement être pour l'espece humaine la même chose qu'entourer son existence de toutes les nécessités, de toutes les commodités, et de tous les agrémens possibles.

Tel seroit le sort de l'homme sur la terre, en attendant la vraie récompense qui lui a sans doute été réservée dans un autre ordre de choses, quoiqu'elle ait dû rester un mystere pour lui dans son présent mode d'exister.

Car la justice infinie du Créateur ne

permet pas de croire qu'une entreprise
aussi méritoire à ses yeux que le seroit
celle de contribuer à la gloire de l'univers en développant dans toute la sienne
une planete entiere, n'ait dû être récom-
pensée de rien de plus que de la simple
jouissance d'un bien-être physique pendant sa courte existence sur cette planete
qui lui auroit dû toute sa perfection.

Rien ne devoit donc empêcher ni arrêter un seul instant l'accomplissement
des vues du Créateur, puisque par toutes
ses préparations il l'avoit non seulement
rendu facile à l'homme, mais l'y avoit
de plus invité par le puissant attrait de
la plus grande récompense qu'il pouvoit
se promettre sur la terre.

Mais le malheur a été que l'espece humaine n'a jamais su pénétrer les grandes
vérités qu'on lui a si démonstrativement
présentées dans le système de la terre,
ni se pénétrer elle-même de sa haute importance sur cette planete ; et dans ce
fatal aveuglement elle s'est nécessaire-

ment égarée dans toutes ses poursuites.

Elle s'est, il est vrai, rassemblée en
sociétés, parceque le Créateur n'a pas
voulu la laisser libre de ne pas le faire;
mais l'énorme erreur dans laquelle l'i-
gnorance de leur vraie destination a fait
tomber ces sociétés c'est d'avoir imaginé
qu'elles pourroient se choisir elles-mêmes
telles fins qu'il leur plairoit d'embrasser
dans leurs poursuites, tandis que dans
son dessein général le Créateur leur a
fixé à toutes d'une maniere absolue l'u-
nique fin qu'elles ont dû se proposer et
poursuivre inviolablement.

Il étoit donc impossible que dans cette
idée perverse que les sociétés humaines
ont osé se former de leur libre choix
dans la détermination de l'objet final de
leurs poursuites il ne régnât pas à cet
égard entre elles une grande diversité.
Mais comme il seroit aussi superflu que
difficile de les classer d'après tant de
fausses et destructives fins, qu'elles ont
osé se fixer elles-mêmes en opposition à

celle de leur vraie destination, on les distinguera seulement suivant l'usage en trois classes générales, en sociétés de chasseurs, en sociétés de pasteurs, et en sociétés d'agriculteurs.

Or tel a été le funeste égarement de l'espèce humaine que dans les deux premières classes de ses sociétés elle s'est mise volontairement dans l'absolue impossibilité de pouvoir répondre à sa vraie destination, et que dans la troisième elle a resté jusqu'à ce jour et sans exception sur la terre entière dans l'impossibilité morale de pouvoir l'accomplir dans les vues du Créateur.

CHAPITRE II.

Des trois grandes divisions des sociétés humaines.

Les sociétés de chasseurs maintiennent leur existence principalement sur la chair des animaux sauvages, et par con-

séquent sur une subsistance que la terre
leur offre d'elle-même, et leur population est nécessairement circonscrite dans
les mêmes bornes étroites dans lesquelles
l'est leur subsistance.

Quant aux besoins artificiels, ces sociétés ont dû nécessairement s'en donner,
et développer en elles de l'intelligence,
puisque dans les déterminations du Créateur l'homme a dû commencer à se créer
les uns et à réaliser en lui l'autre du
moment où il se trouveroit en société
avec ses semblables.

Mais comme dans leurs besoins artificiels les sociétés de chasseurs n'embrassent que les seules nécessités de la vie,
il est manifeste que l'intelligence que
leurs individus peuvent devenir capables de développer en eux par des
besoins artificiels aussi limités n'est que
le premier, et par conséquent le plus
bas degré de celle à laquelle le Créateur
a rendu l'homme capable de s'élever sur
la terre.

Il est donc évident que les sociétés de

chasseurs se mettent elles-mêmes dans l'absolue impossibilité de pouvoir répondre à leur vraie destination, puisque dans ce mode de leur existence elles ne peuvent réaliser ni les pouvoirs de la terre, ni leurs propres pouvoirs, comme le Créateur l'a si formellement prescrit à toute société humaine.

Les sociétés de pasteurs ne diffèrent point essentiellement de celles de chasseurs, puisqu'elles se maintiennent aussi principalement sur le règne animal, et seulement dans un autre mode ; car au lieu d'avoir laissé les animaux libres et par conséquent sous les seuls soins de la nature, comme font les sociétés de chasseurs, elles se les sont appropriés par la conquête pour les gouverner et ménager à leur gré.

Ce n'est donc aussi que sur une subsistance que la terre leur offre d'elle-même que les sociétés de pasteurs maintiennent leur existence, puisque c'est la nature seule qui produit les végétaux sur

3.

lesquels se nourrissent leurs animaux ; et la seule différence que présentent à cet égard les deux espèces de sociétés, c'est que celles de pasteurs font indirectement ce que celles de chasseurs font directement.

Mais dans leur mode de se maintenir les sociétés de pasteurs se donnent une masse de subsistance supérieure à celle que sont capables de se procurer les sociétés de chasseurs, non seulement parcequ'en prenant les animaux sous leurs propres soins elles en obtiennent, avec la chair, le lait et le laitage dont les sociétés de chasseurs se trouvent privées, mais encore parcequ'elles deviennent capables de se ménager une plus grande quantité d'animaux que la nature n'en présente aux sociétés de chasseurs.

Sur cette plus grande masse de subsistance les sociétés de pasteurs ont donc pu maintenir une plus grande population, et cette plus grande population les a naturellement excitées à étendre leurs besoins artificiels, et par conséquent leur intelligence au-delà de ce que sont capables de faire avec une population inférieure les sociétés de chasseurs.

Car le Créateur a non seulement voulu que dans l'état de société les besoins naturels de l'homme eussent la puissance de le provoquer au développement de ses besoins artificiels, mais il a voulu de plus que cette puissance fût dans chaque société humaine d'autant plus grande que le seroit sa population.

Et l'expérience a manifesté cette importante loi que le Créateur a pris soin de lier au système de la terre dans toutes les sociétés humaines qui n'ont point été contrariées dans leur penchant naturel à lui obéir.

Mais quoique les sociétés de pasteurs surpassent celles de chasseurs en subsistance, en population, en besoins artificiels, et en intelligence, elles restent nécessairement dans toutes ces grandes circonstances à une distance infinie de ce

que la vraie destination de l'homme lui
a prescrit dans l'état de société, tant pour
le développement des pouvoirs de la terre
que pour celui de ses propres pouvoirs.

Et si la terre avoit eu le malheur de
n'être habitée dans toute son étendue
que par des sociétés de chasseurs et de
pasteurs, le Créateur n'auroit jamais pu
se promettre de ces hordes humaines
plus de perfection sur cette planete que
n'en ont les hordes d'animaux.

Les sociétés de chasseurs et de pasteurs
sont donc manifestement aux yeux du
Créateur des monstres de sociétés, puisqu'elles déshonorent à la fois l'homme
et la terre, et que l'existence de pareilles
sociétés humaines loin d'être entrée dans
le dessein général du Créateur en a été
proscrite d'une maniere absolue comme
contraire à toutes ses raisons finales.

Les seules sociétés humaines désignées
par le Créateur à prendre sur elles la glorieuse tâche de couvrir la terre de splendeur et de magnificence sont les sociétés

d'agriculteurs, parceque ce n'est que dans ce seul mode de son existence que l'espece humaine a pu devenir capable de se donner toute la subsistance, toute la population, et tous les besoins artificiels possibles.

Par quelle fatalité a-t-il donc pu arriver que dans tous les temps et sur toute la terre ces sociétés aient si mal obéi aux vues du Créateur, si d'un côté il est de toute certitude que dans ses préparations il n'a rien oublié pour leur rendre cette obéissance facile, et si de l'autre leurs plus chers intérêts devoient sans cesse les y porter avec le plus ardent empressement? On va rapporter ce malheur à ses funestes causes.

Si les sociétés d'agriculteurs avoient pu poursuivre leur vraie destination d'elles-mêmes et sans aide quelconque, il est indubitable que le penchant de chacun de leurs individus à augmenter continuellement son bien-être physique les auroit naturellement entraînées à se

donner dans la plus parfaite indépendance toute la subsistance, toute la population, et tous les besoins artificiels
possibles, et par conséquent à développer graduellement la terre sous tous ses
pouvoirs.

Mais un inconvénient auquel elles n'auroient jamais pu devenir capables de
porter remede a dû nécessairement les
mettre dans l'impossibilité de poursuivre
ainsi elles seules leur vraie destination :
car on prouvera démonstrativement
dans la suite de cet ouvrage que ce n'est
pas assez pour répondre aux vues du
Créateur sur la terre que l'espece humaine développe les pouvoirs de cette
planete, mais qu'il faut de nécessité absolue que la plus grande régularité regne
continuellement dans ce développement,
et qu'il ne soit jamais opéré à la fois ni
dans de trop grandes ni dans de trop
foibles proportions.

Or comme il auroit été de toute impossibilité que dans aucune société d'agri-

culteurs tant d'individus eussent pu se concerter ensemble pour ne jamais augmenter leur bien-être physique, ni par conséquent développer les pouvoirs de la terre que dans des proportions régulieres, il est de toute évidence que nulle société d'agriculteurs n'a pu devenir capable de remplir d'elle-même sa vraie destination.

Mais quand on supposeroit même que par leurs seuls soins les sociétés d'agriculteurs auroient pu devenir capables de développer les pouvoirs de la terre aussi régulièrement que l'auroit exigé l'imperturbable développement de leur bien-être physique, il auroit fallu de plus pour qu'elles eussent pu se livrer sans interruption à ce développement que la plus profonde paix eût continuellement régné dans leur sein, et que jamais aucun de leurs individus n'eût pu être injurié par les autres, ni dans sa personne, ni dans sa propriété, ce qui auroit été moralement impossible.

Et comme dès-lors chaque individu se seroit érigé en seul juge dans sa propre cause, et que par-tout la force auroit tenu lieu de justice, il est manifeste qu'une telle réunion d'individus, loin d'avoir formé cet heureux état de société dans lequel seul l'homme a dû pouvoir devenir capable de remplir sa vraie destination, n'auroit été qu'un état de guerre perpétuel, et par conséquent qu'une désunion destructive de toutes les vues du Créateur sur la terre.

Pour remédier à deux inconvénients aussi grands que l'étoient ceux de n'avoir pu par eux-mêmes ni poursuivre régulièrement leur vraie destination, ni se maintenir long-temps dans le vrai état de société, les peuples de la terre (car c'est ainsi qu'on distinguera dorénavant les sociétés d'agriculteurs des pures hordes humaines) ont eu recours à un moyen naturel, et ce moyen a été de choisir dans leur sein un ou plusieurs individus auxquels ils commettroient exclusivement le soin de pourvoir à ce que tous ensemble auroient été incapables de prendre sur eux-mêmes, et c'est à quoi ils se sont déterminés universellement sur toute la terre.

Les individus ainsi séparés des autres, et mis à part dans chaque peuple, ont été désignés sous diverses appellations, et en général sous celle de gouverneurs, parceque c'est à eux seuls qu'a dû appartenir le pouvoir suprême de gouverner les peuples dans les vues du Créateur, ou, ce qui est la même chose, de remplir le double devoir de les diriger régulièrement vers leur vraie destination, et de maintenir l'ordre et la paix dans leurs sociétés, puisque ce n'étoit uniquement que pour ces deux fonctions et pour nulle autre quelconque que chaque peuple a eu besoin d'eux.

Avec l'assistance de leurs gouverneurs les peuples devoient donc avoir la certitude de ne plus rencontrer aucun obstacle dans l'heureuse poursuite de leur destination ; et le Créateur devoit pouvoir se reposer sur des hommes choisis tout exprès pour ménager l'accomplissement de ses grandes et bienfaisantes vues sur la terre, puisque s'acquitter de cette glorieuse tâche devoit leur devenir si facile.

Mais il en a malheureusement été tout autrement ; et les peuples en se donnant des gouverneurs, se sont exposé à des inconvénients et des désordres non moins grands que ceux auxquels ils avoient cherché à remédier.

Car dans cet ordre des choses ce n'a plus été comme ils n'auroient pas manqué de le faire, qu'ils ont pu obéir à leur vraie destination, mais comme leurs gouverneurs leur en laisseroient la liberté, puisque dans telles mains qu'ils aient pu placer le pouvoir suprême, ceux qui en sont devenus les dépositaires ont pu ou totalement perdre de vue pour qui ils ont dû gouverner, et ne gouverner que pour eux seuls, ou totalement

ignorer comment ils ont dû s'acquitter
de ce grand et solennel devoir, et s'éga-
rer dans leurs moyens.

Et les annales de la terre n'ont que
trop attesté que jamais les peuples n'ont
connu d'autres gouverneurs que de ces
deux fatales sortes, ou des monstres qui
ont osé les regarder comme leur propriété absolue, et les asservir arbitrairement aux vues les plus perverses, ou des
hommes dont le gouvernement, quelques
pures qu'aient pu être leurs intentions
pour le bonheur de leurs peuples, n'a
perpétuellement été qu'un tissu d'erreurs
et d'impuissantes mesures.

Voilà à qui uniquement les peuples
ont dû jusqu'à ce jour le déplorable malheur de n'avoir jamais pu, comme ils auroient naturellement été si portés de le
faire, remplir leur vraie destination sur
la terre; à des gouverneurs, dont les uns
n'ont jamais voulu, et les autres n'ont
jamais su s'acquitter des sublimes fonctions que le Créateur leur a si formelle-

ment imposées dans leurs hautes stations.

Car s'il est de toute certitude, comme on le prouvera de plus en plus dans cet ouvrage, qu'il a dû être infiniment facile de gouverner la terre dans les vues du Créateur ; et si cependant ces vues du Créateur n'ont été jusqu'ici réalisées dans aucun peuple de la terre, n'est-il pas de toute évidence que ce n'est qu'à leurs gouverneurs seuls que les peuples ont dû de n'avoir jamais pu accomplir leur glorieuse destination.

Et ce qui est incompréhensible, c'est que des hommes uniquement destinés à faire le bonheur et la gloire de la terre, aient pu continuellement détruire l'un et l'autre sans songer, comme on n'a que trop lieu de le croire, qu'il peut exister un Créateur vengeur, non seulement de tout ce qu'ils auroient volontairement opposé à ses vues, mais encore de tout ce qu'ils auroient omis de faire pour leur accomplissement.

Car si troubler à la fois l'ordre moral

et l'ordre physique d'une planete entiere est le plus énorme de tous les attentats qu'il soit possible de commettre contre l'ordre général de l'univers, comment les gouverneurs de la terre ont-ils pu se reposer sur l'idée qu'ils pourroient se rendre coupables de cet attentat sans en devenir responsables dans un futur et autre ordre de choses?

D'innombrables preuves ne démontrent-elles pas à l'homme que même dans le gouvernement de son misérable corps il n'a dû pouvoir transgresser impunément aucune des raisons finales sur lesquelles le Créateur a formé son organisation; et n'est-on pas fondé d'inférer de là avec certitude que dans le systéme entier des raisons finales sur lesquelles le Créateur a ordonné toutes choses dans l'univers il n'en est aucune à la libre transgression de laquelle il n'ait fixé une réparation proportionnée?

Mais quelque vain et présomptueux qu'il puisse paroître de vouloir chercher

à ramener ceux qui gouvernent d'égarements si profondément enracinés, on
va cependant l'entreprendre pour exciter enfin en eux, s'il est possible, la sublime résolution de ne plus fonder à l'a-
venir leurs gouvernements que sur les
seuls moyens qu'une intelligence infaillible dans toutes ses déterminations leur
a tracés elle-même.

Et l'on ose se livrer à cette espérance
avec d'autant plus de confiance que,
loin de vouloir les engager à des sacri-
fices, on entend au contraire les laisser
et les maintenir imperturbablement dans
la pleine poursuite des mêmes intérêts
qui ont eu jusqu'ici tant d'attraits pour
eux, et leur présenter seulement dans
un meilleur ménagement de ces intérêts
une perspective de jouissances infiniment plus glorieuses et plus brillantes
que ne l'ont été celles qu'ils ont pu devenir capables de se donner, soit par
leurs impuissants, soit par leurs pervers
moyens.

L'intérêt dominant , et par conséquent
celui auquel ils ont définitivement subordonné toutes les mesures de leurs
gouvernements , c'est un grand revenu
public , et c'est précisément aussi ce qu'ils
ont dû avoir continuellement dans leurs
mains pour gouverner la terre dans les
vues du Créateur , puisque ce n'est qu'a-
vec l'assistance d'un grand revenu public
et par nuls autres moyens qu'ils ont pu
devenir capables de gouverner ainsi
cette planete.

Mais le malheur a été qu'en poursui-
vant avec tant d'ardeur un grand revenu
public ce n'a jamais été dans l'intention
de se rencontrer avec les vues du Créateur , parcequ'ils ont perpétuellement
ignoré que c'étoit aussi pour leurs peuples et non pour eux seuls qu'ils ont dû
avoir un grand revenu public ; et c'est
la raison pourquoi ils n'ont jamais su ni
dans quelle étendue ils ont dû se donner
le commandement de ce grand moyen ,
ni dans quelles sources ils ont dû le

puiser, ni à quelles fins ils ont dû l'appliquer.

Dans son dessein général le Créateur a voulu qu'ils eussent le pouvoir de multiplier leur revenu public indéfiniment, et ils n'ont jamais été capables de se créer ce pouvoir ; il leur a défendu de prendre leur revenu public tout entier dans le bien-être physique de leurs peuples, et ils n'ont jamais su y arriver autrement ; il leur a fixé le développement progressif de la subsistance, de la population, et des besoins artificiels de leurs peuples comme l'unique fin à laquelle ils ont dû consacrer inviolablement leur revenu public, et ils ne l'ont que trop profané à des fins contraires.

Est-il donc étonnant que leurs gouvernements, si opposés en tout à celui que le Créateur leur a tracé lui-même, n'aient continuellement été que des systèmes de fausses mesures et par conséquent destructives ? Mais c'est à leur présenter cette affligeante vérité dans

tout son jour, afin de lui mériter de leur
part une attention plus sérieuse qu'ils
n'ont été dans l'habitude de la donner
jusqu'ici aux doctrines de cette nature,
qu'on va destiner toute la suite de cet
ouvrage.

CHAPITRE III.

De la vraie organisation des peuples.

TOUT peuple bien organisé pour sa
vraie destination a dû nécessairement
embrasser dans sa population trois classes d'hommes distinctes; des agriculteurs, des manufacturiers, et des consommateurs indépendants; et ses échanges ont dû s'effectuer avec l'intervention
des métaux précieux en monnoies.

Les agriculteurs ont dû cultiver la
terre, les manufacturiers ont dû façonner pour divers usages les matieres brutes de la terre et les consommateurs indé-

pendants ont dû être exempts de tout
travail, et pour cet effet avoir continuellement dans leurs mains des métaux précieux en monnoies pour les échanger
avec les agriculteurs et les manufacturiers contre de la subsistance et des choses façonnées à différents usages.

Mais l'homme étant sorti des mains
du Créateur avec deux destinations distinctes, l'une basse, et l'autre sublime,
les peuples ont eu la liberté de s'organiser à leur choix, ou dans la vue seulement de remplir leur basse destination,
celle qu'ils ont en commun avec les purs
animaux, et qui n'exigeoit d'eux qu'un
foible développement des pouvoirs de la
terre, ou dans la vue aussi d'accomplir
leur sublime destination, qui, en les dis-
tinguant si entièrement des purs animaux, leur impose la glorieuse tâche
de développer la terre sous tous ses pouvoirs.

Et dans la profonde ignorance où l'espece humaine est perpétuellement restée,

et où tous ses législateurs et instructeurs l'ont aussi perpétuellement laissée de la vraie raison finale de son existence sur la terre, ses sociétés n'ont jamais cherché à s'organiser autrement que pour leur destination animale; et si la chance a conduit quelques peuples à des organisations qui pouvoient les rendre capables de remplir leur haute destination, des gouverneurs ou pervers ou égarés ne leur ont jamais permis de la poursuivre dans les vues du Créateur.

Tel est et a été dans tous les temps le dégradant aspect sous lequel l'espèce humaine s'est présentée sur la terre aux yeux du Créateur, ou entièrement concentrée dans la poursuite de sa vile destination, non seulement dans ses sociétés de chasseurs et de pasteurs, mais encore dans la plus grande partie de ses sociétés d'agriculteurs, ou continuellement détournée de l'accomplissement de sa destination divine dans tout le reste de ses sociétés d'agriculteurs.

Ce n'est que sous l'organisation qu'on vient de tracer que les peuples ont pu devenir capables de réaliser sur la terre tout ce que le Créateur a voulu qu'ils entreprissent sur cette planete pour leur bonheur et sa gloire, puisqu'il est de toute certitude qu'avec des agriculteurs, des manufacturiers, et des consommateurs indépendants, rien n'a pu leur manquer pour accomplir cette sublime destination.

Car si les peuples n'avoient composé leur population entiere que d'agriculteurs comme tant d'hommes égarés dans leurs idées l'auroient voulu, il est manifeste que chacun de leurs individus auroit nécessairement été obligé de travailler lui seul pour tous ses besoins, c'est-à-dire de produire lui seul sa subsistance, et de façonner lui seul pour les usages les matieres brutes de la terre.

Dans ce travail non divisible aucun peuple de la terre n'auroit pu devenir capable de se procurer rien de plus que

les nécessités de la vie, et par conséquent n'auroit pu étendre ses poursuites au-delà de sa seule destination animale.

Et si les agriculteurs et les manufacturiers n'avoient jamais eu à travailler
que les uns pour les autres, comme cela
seroit nécessairement arrivé, si les peuples n'avoient composé leur population
que de ces deux seules classes d'hommes,
il auroit encore été impossible qu'aucun
peuple de la terre ainsi organisé eût pu
devenir capable de remplir sa vraie destination, puisque par un travail aussi
limité il n'auroit jamais pu se donner
beaucoup plus que les nécessités de la
vie.

Pour engager les agriculteurs et les
manufacturiers à étendre leur travail au-
delà des bornes étroites de leurs seuls
besoins il a donc nécessairement dû exister hors de leur sein une classe d'hommes
continuellement obligés à leur demander de la subsistance et des choses façon-

nées à des usages, et à leur donner en retour des métaux précieux en monnoies; et ce sont les individus de cette classe d'hommes qu'on a appelés des consommateurs indépendants.

Car quoique dans chaque peuple les hommes qui travaillent soient, aussi-bien que ceux qui ne travaillent point, des consommateurs de subsistance et de choses façonnées à des usages, ils ne sont que des consommateurs dépendants, puisque ce n'est qu'après avoir échangé les produits de leur travail contre les métaux précieux en monnoies des consommateurs indépendants que, dans tout peuple bien organisé, ils ont dû pouvoir devenir à leur tour des consommateurs.

Enfin, si les peuples ne s'étoient point déterminés à opérer leurs échanges avec l'intervention des métaux précieux en monnoies, et qu'ils les eussent pratiqués soit en nature, soit avec l'intervention du fer, du cuivre, ou de toute autre chose inférieure en valeur aux métaux précieux, ils n'auroient jamais pu devenir capables de faire dans leur travail tous les progrès possibles, comme l'expérience l'a prouvé et le prouve encore sans exception chez tous les peuples qui ignorent l'usage des métaux précieux en monnoies dans leurs échanges.

Telle est et telle a dû être nécessairement l'organisation qu'avant toutes choses les peuples ont reçue pour pouvoir être gouvernés dans les vues du Créateur, puisque ce n'est que dans ce seul mode de leurs sociétés et dans nul autre quelconque qu'ils ont pu rendre leurs gouverneurs capables de leur développer avec le plus facile et le plus infaillible succès toute leur subsistance, toute leur population, et tous leurs besoins artificiels possibles.

Car dans cet ordre des choses la science des gouvernements, qui dans tous les temps a été si compliquée et si hérissée de difficultés, n'a dû consister en rien de plus qu'à savoir seulement diriger le mécanisme naturel de la vraie organisation des peuples vers sa grande fin, le développement progressif des vues finales du Créateur sur la terre, et par conséquent des suprêmes biens dont l'homme a dû jouir sur cette planete, comme on va le faire voir clairement.

Il est évident que ce n'étoit pas assez d'avoir destiné les agriculteurs et les manufacturiers à entreprendre eux seuls tout le travail des peuples, et qu'il falloit nécessairement, pour les encourager à cette grande entreprise, leur présenter un intérêt puissant, puisque leur travail devoit être libre.

Or comme le bien-être physique est de tous les intérêts de l'homme celui qu'il poursuit toute sa vie avec la plus constante ardeur, et que ses desirs à cet égard n'ont pour ainsi dire point de bornes ; il est manifeste que le plus puissant intérêt par lequel les agriculteurs et les manufacturiers aient pu être excités à travailler et à augmenter continuellement leur travail, c'est d'avoir la certitude d'augmenter continuellement en même raison leur bien-être physique.

Mais comment les agriculteurs et les manufacturiers ont-ils pu avoir la certitude qu'en augmentant continuellement leur travail ils augmenteroient aussi continuellement leur bien-être physique? c'est lorsqu'ils seroient continuellement sollicités à l'augmentation de leur travail par la demande des consommateurs indépendants, et proportionnellement récompensés en métaux précieux en monnoies.

Voilà en deux mots ce qu'on doit entendre par le mécanisme naturel de la vraie organisation des peuples, et en quoi a dû consister d'une manière absolue l'économie politique des vrais gouvernements de la terre, si les sociétés humaines ont dû pouvoir devenir capables de remplir leur vraie destination sur cette planète.

Car il est clair que les agriculteurs et les manufacturiers en recevant conti-

nuellement des mains des consommateurs indépendants une plus grande proportion de métaux précieux en monnoies
en échange d'une plus grande proportion de subsistance et de choses façonnées à des usages, ont pu ainsi continuellement augmenter leur consommation en nécessités, en commodités et en
agréments de la vie, et par conséquent
leur bien-être physique.

Il est donc impossible de ne pas voir
que gouverner la terre dans les vues du
Créateur n'a dû exiger pour toute mesure que d'amener seulement dans chaque peuple les consommateurs indépendants à augmenter continuellement leur
consommation en subsistance et en choses
façonnées à des usages.

Car comme à chaque augmentation
dans la consommation des consommateurs indépendants a dû naturellement
répondre une augmentation dans le travail des agriculteurs et des manufacturiers, et que ce n'est que par le travail

de ces deux classes d'hommes que la terre a pu être développée sous ses pouvoirs, il est de toute évidence qu'amener les consommateurs indépendants à augmenter leur consommation indéfiniment, c'est aussi nécessairement amener les agriculteurs et les manufacturiers à développer indéfiniment les pouvoirs de la terre.

Ainsi telle a dû être dans le dessein général du Créateur la merveilleuse simplicité des vrais gouvernements de la terre, que bien gouverner un peuple entier n'a dû consister en rien de plus qu'à savoir simplement bien gouverner une seule classe de ses individus, puisque dès ce moment tout le reste de sa population a dû nécessairement se trouver bien gouverné en même temps.

Car si dans nul peuple bien organisé les agriculteurs et les manufacturiers n'ont dû avoir besoin pour développer les pouvoirs de la terre indéfiniment que d'y être indéfiniment excités par la

consommation des consommateurs indépendants, il est manifeste que les gouverneurs des peuples, en ne se chargeant
que de l'unique soin de rendre les
consommateurs indépendants capables
d'augmenter continuellement leur consommation en nécessités, en commodités, et en agréments de la vie, ont dû
dès-lors se trouver totalement dispensés
de s'occuper séparément des agriculteurs
et des manufacturiers.

Cependant c'est ce qu'ils n'ont cessé
de faire contre l'ordre naturel des choses;
car, au lieu de se reposer pour le travail
des agriculteurs et des manufacturiers
sur l'infaillible mécanisme de la vraie
organisation des peuples, ils ont mieux
aimé recourir à la chimérique entreprise de vouloir forcer ce travail par d'innombrables expédients de leur propre
invention, parcequ'ils ont perpétuellement ignoré que le Créateur leur avoit
tracé lui-même d'avance les moyens qu'ils
ont dû appliquer à leurs gouvernements,

et leur avoit par conséquent épargné tout soin d'en imaginer eux-mêmes.

Il est donc infiniment important d'examiner quelle a dû être la condition essentiellement requise pour engager dans chaque peuple les consommateurs indépendants à augmenter progressivement leur consommation en nécessités, en commodités, et en agréments de la vie, puisque c'est de ce grand moyen qu'a dû dépendre d'une maniere absolue la vraie perfection des gouvernements de la terre.

S'il est indubitable que le bien-être physique est l'unique objet que les agriculteurs et les manufacturiers se proposent dans leur travail, et si dans nul peuple bien organisé les individus de ces deux classes d'hommes n'ont dû pouvoir arriver à leur bien-être physique autrement qu'avec l'intervention des métaux précieux en monnoies, on doit regarder comme incontestables les trois vérités suivantes.

La premiere, que dans nul peuple les

agriculteurs et les manufacturiers n'auroient travaillé pour les besoins des consommateurs indépendants, si ceux-ci
n'avoient pas eu à leur offrir un équiva-
lent en métaux précieux en monnoies
pour les nécessités, les commodités, et
les agréments de la vie qu'ils leur auroient procurés.

La seconde, que dans nul peuple les
agriculteurs et les manufacturiers n'auroient augmenté leur travail pour les besoins des consommateurs indépendants,
si ceux-ci n'avoient eu continuellement
à leur offrir en échange de leur subsistance et de leurs choses façonnées à des
usages qu'une même quantité de métaux précieux en monnoies.

La troisieme, que dans tout peuple les
agriculteurs et les manufacturiers auroient diminué leur travail pour les besoins des consommateurs indépendants,
si ceux-ci avoient diminué la quantité
des métaux précieux en monnoies qu'ils
auroient été dans l'habitude de leur of-

frir en échange de leur subsistance et des divers objets façonnés à des usages.

Car comme le travail des agriculteurs et des manufacturiers n'auroit été récompensé en métaux précieux en monnoies dans aucun des trois cas, il est évident que c'auroit été à pure perte pour leur bien-être physique qu'ils auroient travaillé dans le premier, ou augmenté leur travail dans le second, ou continué le même travail dans le troisieme.

Et ces trois vérités, sur lesquelles ni la raison ni l'expérience ne permettent d'élever le moindre doute, tracent aux gouverneurs de la terre l'unique moyen par lequel ils ont pu devenir capables de développer progressivement à leurs peuples toute leur subsistance, toute leur population, et tous leurs besoins artificiels possibles, c'est de se ménager le pouvoir de multiplier les métaux précieux en monnoies indéfiniment dans les mains des consommateurs indépendants.

Car il est de toute évidence qu'avec

un tel pouvoir rien n'a pu leur manquer
pour remplir la vraie fin de leurs gouvernements, et conformer l'économie
politique de leurs peuples aux vues finales du Créateur, puisque de l'augmentation progressive des métaux précieux en
monnoies dans les mains des consommateurs indépendants ont dû naturellement
résulter d'une part l'augmentation progressive dans la consommation de cette
classe d'hommes en nécessités, en commodités et en agréments de la vie, et de
l'autre l'augmentation progressive dans
le travail des agriculteurs et des manufacturiers.

Et l'on fera voir dans la suite de cet
ouvrage avec quelle facilité les gouverneurs de la terre ont pu se revêtir de cet
important pouvoir. Ici on a seulement
cherché à les convaincre de l'absolue
nécessité de ce pouvoir, s'ils veulent enfin cesser de gouverner la terre dans
d'autres vues que celles du Créateur.

Car il n'est plus possible qu'ils puissent ignorer que ne pas être capables de multiplier continuellement aux consommateurs indépendants leurs métaux précieux en monnoies, c'est de toute nécessité arrêter tôt ou tard cette classe de consommateurs dans les progrès de leur consommation, et par conséquent arrêter les agriculteurs et les manufacturiers dans les progrès de leur travail.

Comme il n'est aussi plus possible qu'ils puissent ignorer que diminuer les métaux précieux en monnoies dans les mains des consommateurs indépendants de telle manière que ce soit, c'est de toute nécessité diminuer leur consommation, et par conséquent faire rétrograder dans leur travail les agriculteurs et les manufacturiers.

Mais loin d'avoir jamais su se revêtir du seul pouvoir qui pouvoit les rendre capables de développer la terre moralement et physiquement dans les vues du Créateur, les gouverneurs des peuples n'ont que trop prouvé qu'ils n'ont pas même compris que sans cet important pouvoir il devoit être de toute impossibilité de bien gouverner aucun peuple, puisqu'ils n'ont cessé jusqu'à ce jour de lui substituer les plus chimériques moyens.

Dans chaque peuple, il est vrai, ils ont senti l'importance d'une grande consommation générale, et par conséquent la nécessité d'en favoriser l'accroissement continuel ; mais ce n'a pas été dans l'intention pure d'accroître en même raison le bien-être physique des peuples, ce n'a été principalement que dans la vue de s'en approprier des parts continuellement plus grandes par les taxes sans nombre que, dans la plus destructive de leurs erreurs, ils ont forcées et accumulées sur les objets de consommation.

Mais quand ils auroient même renoncé à toutes vues intéressées dans leurs efforts à multiplier la consommation générale des peuples, et que gouverner dans les vues du Créateur eût été l'unique objet qu'ils se seroient proposé, jamais aucun bien durable n'auroit pu résulter des faux et impuissants moyens sur lesquels ils ont si malheureusement persisté à fonder l'économie politique de leurs gouvernements.

La multiplication des métaux précieux en monnoies dans les mains des consommateurs indépendants, ce grand moyen duquel seul a pu émaner dans chaque peuple la multiplication de son bien-être physique, n'a pas dû être subordonné, comme il n'a cessé de l'être jusqu'ici, à des circonstances contingentes, et par conséquent dépendre du hasard; car on prouvera lorsqu'il en sera temps que nul peuple sur la terre ne peut être gouverné dans les vues du Créateur s'il n'est pas au parfait pouvoir de ses gouverneurs de puiser continuellement les métaux précieux en monnoies, dont ils enrichiroient progressivement ses consommateurs indépendants, dans une source constante et intarissable.

Mais ce n'est pas encore assez pour

le développement des vues finales du
Créateur sur la terre que les gouverneurs
des peuples se donnent le pouvoir de
multiplier aux consommateurs indépendants leurs métaux précieux en monnoies
indéfiniment, il faut de plus qu'ils n'ap-
pliquent jamais ce pouvoir que d'une
maniere réguliere ; et ils vont avoir la
plus convaincante preuve de l'absolue
nécessité de cette condition dans l'économie politique des gouvernements.

Dans chaque peuple bien organisé les
agriculteurs et les manufacturiers sont
ceux qui offrent, et les consommateurs
indépendants ceux qui demandent de la
subsistance et des choses façonnées à
des usages ; et si la disproportion entre
l'offre et la demande n'avoit jamais eu
aucune influence sur le prix des choses,
il auroit été parfaitement indifférent dans
quelles proportions les consommateurs
indépendants auroient demandé, et les
agriculteurs et les manufacturiers offert
de la subsistance et des choses façonnées
à des usages.

Mais lorsque la demande des consommateurs indépendants excede l'offre des agriculteurs et des manufacturiers, ou l'offre des agriculteurs et des manufacturiers la demande des consommateurs indépendants, le prix des choses augmente dans le premier cas, et diminue dans le second ; et voici comment le cours ordinaire des choses amene l'un et l'autre.

Lorsque la demande des consommateurs indépendants excede l'offre des agriculteurs et des manufacturiers, ceux-ci ne se trouvent pas avoir dans leurs mains assez de subsistance et de choses façonnées à des usages pour pouvoir fournir à tous les besoins des consommateurs indépendants.

Dans cet état des choses les consommateurs indépendants s'empressent à obtenir des agriculteurs et des manufacturiers la préférence les uns sur les autres ; et si ceux-ci n'avoient jamais tourné à leur profit cette trop grande concurrence des consommateurs indépendants, il en auroit seulement résulté que les consommateurs indépendants n'auroient pas pu tous se pourvoir de subsistance et de choses façonnées à des usages dans la pleine proportion de leurs besoins.

Mais l'expérience a prouvé invariablement que dans ce cas les agriculteurs et les manufacturiers augmentoient le prix de leur subsistance et de leurs choses façonnées à des usages, et que cette augmentation de prix avoit généralement lieu dans la proportion de l'excès de la demande sur l'offre.

Lorsqu'au contraire l'offre des agriculteurs et des manufacturiers excede la demande des consommateurs indépendants, les premiers se trouvent avoir dans leurs mains plus de subsistance et de choses façonnées à des usages que n'en embrassent dans leurs besoins les derniers.

Dans cet état des choses les agriculteurs et les manufacturiers s'empressent à obtenir des consommateurs indépendants la préférence les uns sur les au-

tres; et si les consommateurs indépendants n'avoient jamais tiré avantage de
cette trop grande concurrence des agriculteurs et des manufacturiers, il en auroit seulement résulté que ceux-ci n'auroient pas pu tous placer la totalité de
leur subsistance et de leurs choses façonnées à des usages.

Mais l'expérience a prouvé invariablement que dans ce cas les consommateurs
indépendants obligeoient les agriculteurs
et les manufacturiers à diminuer le prix
de leur subsistance et de leurs choses façonnées à des usages, et que cette diminution de prix avoit généralement lieu
dans la proportion de l'excès de l'offre
sur la demande.

On a les plus sensibles preuves de ces
deux importantes vérités dans deux circonstances extrêmes, dans un temps de
disette, et dans un temps de grande abon-
dance: dans le premier cas la subsistance
s'élève à un prix exorbitant par nulle
autre raison que parceque la demande

sort de toute proportion avec l'offre; dans le second cas au contraire la subsistance tombe de prix dans un degré considérable par l'unique raison que l'offre excede de beaucoup la demande.

C'est dans ces deux cas extrémes que la disproportion entre l'offre et la demande affecte le prix des choses dans le plus haut degré; mais dans tous les cas intermédiaires cette disproportion produit nécessairement la hausse ou la baisse du prix des choses dans le degré qui répond à son excés : et la plus constante expérience a fait voir que sur ce point l'effet se proportionnoit à sa cause pour ainsi dire aussi exactement que cela arrive dans le mécanisme des causes et des effets physiques.

Il est donc manifeste que l'unique moyen de maintenir continuellement dans chaque peuple le prix des choses dans ses justes proportions, c'est de faire régner une harmonie continuelle entre la demande des consommateurs indépendants et l'offre des agriculteurs et des manufacturiers, et pour cet effet de ne jamais multiplier aux premiers leurs métaux précieux en monnoies dans des proportions irrégulieres, c'est-à-dire, ou excessives, ou défectives.

Car c'est généralement sur les métaux précieux en monnoies que les consommateurs indépendants sont capables de commander qu'ils mesurent dans chaque peuple leur consommation en nécessités, en commodités et en agrémens de la vie, et par conséquent la demande qu'ils font aux agriculteurs et aux manufacturiers.

On indiquera dans la suite à ceux qui voudront enfin être des vrais gouverneurs sur la terre l'infaillible regle qu'ils auroient à suivre pour maintenir continuellement la demande des consommateurs indépendants en parfaite harmonie avec l'offre des agriculteurs et des manufacturiers; et en attendant ils vont voir de quelle importance il a dû être dans tout vrai gouvernement de ne jamais troubler cette harmonie un seul instant.

Pour qu'un peuple soit bien gouverné, c'est-à-dire gouverné dans les vues du Créateur, il ne suffit pas qu'il développe son bien-être physique, ou, ce qu'on prendra toujours pour la même chose, sa prospérité d'une maniere quelconque; il faut de plus que ce développement s'opere par des progrès continuellement croissants.

Mais dans l'égarement des idées on s'est imaginé que tout peuple qui étoit dans un cours de progrès dans son agriculture, dans ses manufactures, et dans sa population, se trouvoit bien gouverné, quelque irréguliers et désordonnés que pussent être ces progrès, parcequ'on n'a jamais su ni cherché à savoir en quoi a dû consister dans le dessein général du Créateur la vraie prospérité des peuples.

La prospérité d'un peuple n'est vraie que lorsqu'il développe son bien-être physique dans une progression jamais

interrompue un seul instant; et elle est
fausse lorsque dans le cours de ce développement il lui arrive et doit nécessairement lui arriver de tantôt avancer,
tantôt s'arrêter, et tantôt décliner: et
voilà ce que, pour le malheur de la terre,
les gouverneurs des peuples n'ont jamais
voulu distinguer.

Or nul peuple ne peut être maintenu
dans le cours d'une vraie prospérité si
ses gouverneurs sont incapables de multiplier à ses consommateurs indépendants leurs métaux précieux en monnoies dans des proportions régulieres;
car on va voir que de toute disproportion
dans cette multiplication, et par conséquent de toute hausse et de toute baisse
dans le prix des choses a dû nécessairement résulter dans tout peuple un déclin proportionné dans sa prospérité.

Par hausses et baisses dans le prix des
choses on n'entend point celles qu'un
peuple peut devoir au cours de la nature
dans les années défectives ou surabon-

dantes en productions de la terre; ces
variations de prix ne sont que momen-
tanées, et peuvent d'ailleurs être facilement prévenues dans tout vrai gouvernement : il ne s'agit ici que des hausses
et des baisses dans le prix des choses qu'un
peuple doit aux vices permanents de son
économie politique, et par conséquent à
ses seuls gouverneurs; et c'est de celles-
ci dont on va tracer les funestes effets.

Lorsque le prix des choses augmente
chez un peuple, sa consommation générale diminue proportionnellement, tel
foible que puisse être le degré dans lequel
il éprouve cette augmentation de prix,
quoique dans la confusion de leur économie politique les gouverneurs des peuples n'aient jamais su s'appercevoir de ce
malheur que dans les grandes hausses de
prix : et l'on va mettre cette vérité dans
tout son jour.

Dans tout peuple les consommateurs
indépendants forment deux classes très
distinctes et qu'il est important de ne

point confondre ensemble ; les uns possedent plus de métaux précieux en monnoies, ou, ce qui est la même chose, plus de revenu qu'ils ne sont dans l'habitude d'en dépenser en nécessités, en commodités, et en agréments de la vie, et les autres n'ont que le revenu précisément nécessaire pour se procurer les besoins qu'ils se sont donnés au prix actuel des choses.

Et si l'on pouvoit un seul instant douter de l'existence de cette derniere classe de consommateurs indépendants, d'innombrables individus s'éleveroient du sein de chaque peuple pour l'attester et en offrir la preuve la plus convaincante.

Il est indubitable que la hausse dans le prix des choses peut ne point affecter la consommation des consommateurs indépendants de la premiere classe, s'il leur plaît de n'en rien retrancher, puisqu'ils ont en réserve dans leurs mains les métaux précieux en monnoies nécessaires ; mais ce n'est ni ne peut être le cas des consommateurs indépendants de la seconde classe.

Car comme il seroit impossible qu'avec le même revenu, et par conséquent la même quantité de métaux précieux en monnoies, ils pussent se procurer, après la hausse dans le prix des choses, précisément la même quantité en nécessités, en commodités, et en agréments de la vie qu'ils auroient été capables d'embrasser dans leurs besoins avant la hausse, il faut nécessairement qu'ils diminuent leur consommation en même raison que les choses ont haussé de prix.

Et pour que la diminution dans leur consommation n'en causât pas une dans la consommation générale, il faudroit nécessairement que ce qu'ils seroient forcés de consommer de moins en nécessités, en commodités, et en agréments de la vie fût consommé de plus par les consommateurs indépendants de la premiere classe, et que ceux-ci, loin d'avoir diminué leur consommation après la hausse dans le prix des choses, l'eussent au contraire augmentée ; ce qu'il seroit contre toute raison de supposer.

Il est donc certain que ce n'est pas seulement par les grandes hausses, mais sans exception par toute hausse dans le prix des choses, que chez tous les peuples les consommateurs indépendants de la seconde classe se trouvent réduits à la nécessité de diminuer leur consommation, et de devenir ainsi la cause d'une diminution dans la consommation générale.

Or lorsqu'un peuple diminue sa consommation générale, l'infaillible effet de cette diminution est que les agriculteurs et les manufacturiers diminuent leur travail ; car comme ils ont le plus grand intérêt de ne jamais avilir les produits de leur travail, ou, ce qui est la même chose, de ne jamais rien offrir de gratuit dans leur travail, et que cela leur arriveroit nécessairement s'ils offroient aux

consommateurs indépendants plus de
subsistance et de choses façonnées à des
usages qu'ils n'auroient de métaux précieux en monnoies à donner en retour ;
leur constante regle est d'ajuster continuellement, autant qu'il peut être entre
eux, l'étendue de leur travail à l'étendue
de la consommation générale.

Et comme tout peuple dont les agriculteurs et les manufacturiers diminuent
le travail, décline dès ce moment dans
son bien-être physique, puisqu'il est de
toute certitude que le déclin dans le bien-
être physique des peuples ne peut prove-
nir que de la diminution du travail de
ces deux classes d'hommes, il est évident
que toute hausse qu'éprouve un peuple
dans le prix de ses choses le fait proportionnellement décliner dans sa prospérité.

Tel étant nécessairement le désordre
que porte dans l'économie politique des
peuples toute hausse dans le prix des
choses, il reste à faire voir que le même

désordre résulte aussi dans chaque peuple de toute baisse que subissent ces choses dans leur prix.

Lorsque le prix des choses baisse dans un peuple, cette baisse avertit immédiatement les agriculteurs et les manufacturiers qu'ils se sont égarés dans l'étendue qu'ils ont donnée à leur travail, en offrant plus de subsistance et de choses façonnées à des usages que n'en a exigé l'étendue de la consommation générale, puisque ce n'est que par cette seule raison que le prix des choses peut naturellement baisser chez un peuple.

Or, comme les agriculteurs et les manufacturiers ont continuellement dans leurs mains un moyen infaillible pour remédier à l'avilissement du prix de leurs choses, celui de diminuer proportionnellement leur travail, et qu'ils ne manquent jamais d'y avoir recours lorsque l'intérêt le leur impose, il est de toute évidence que les peuples doivent nécessairement décliner dans leur prospérité aussi-bien par toute baisse que par toute hausse dans le prix de leurs choses.

Tant que les gouverneurs de la terre resteront donc incapables de maintenir dans l'économie politique des peuples une égalité continuelle entre la demande des consommateurs indépendants et l'offre des agriculteurs et des manufacturiers, et de prévenir ainsi toutes hausses et toutes baisses dans le prix des choses, ils resteront aussi incapables de faire prospérer aucun peuple d'une vraie prospérité.

Car la preuve indubitable d'une fausse prospérité c'est lorsqu'elle est susceptible de décliner dans ses progrès, puisque tout déclin dans la prospérité d'un peuple amène nécessairement sur lui, avec une diminution dans son bien-être physique, une foule d'autres calamités, comme on le verra par la suite.

Et comme il n'a jamais existé sur la terre un seul peuple dont la prospérité n'ait pas été fausse, puisqu'il n'en a jamais existé un seul qui tôt ou tard n'ait décliné dans son bien-être physique, les gouverneurs de la terre voient quels maux ils ont amenés sur leurs peuples, non seulement pour n'avoir jamais su se rendre capables de commander l'harmonie entre la demande des consômmateurs indépendants et l'offre des agriculteurs et des manufacturiers, mais encore par l'indifférence avec laquelle ils n'ont cessé de la contrarier eux-mêmes par leurs mesures arbitraires et destructives.

CHAPITRE IV.

De la vraie et de la fausse prospérité des peuples.

Il résulte des grandes vérités, qu'on a si démonstrativement prouvées dans le chapitre précédent, et que présente si clairement dans son système le vrai gou-

vernement de la terre, que l'économie
politique de l'espece humaine doit être
considérée comme une machine dont le
mécanisme et la fin ont été immuablement réglés et fixés dans le dessein général du Créateur, mais dont les gouverneurs de la terre ont dû avoir eux seuls
dans chaque peuple le ménagement.

La fin sublime que cette machine ap-
pliquée aux gouvernements des peuples
a dû embrasser dans son mécanisme naturel, c'est de développer progressivement l'homme et la terre sous tous leurs
pouvoirs, et leur faire subir pour ainsi
dire une nouvelle création, en couvrant
la terre des plus splendides richesses,
et élevant l'homme aux suprêmes préro-
gatives qui ont dû être son apanage sur
cette planete.

Et pour devenir capables d'effectüer
toutes ces merveilles au gré du Créateur,
les gouverneurs de la terre n'ont dû avoir
à prendre sur eux que deux fonctions;
l'une de tenir lieu de ressort à la ma-

chine, et l'autre d'en diriger continuellement le mécanisme vers sa vraie fin.

Car c'est tenir lieu de ressort à la machine que de multiplier continuellement
dans chaque peuple les métaux précieux
en monnoies dans les mains des consommateurs indépendants, et c'est diriger
sans cesse le mécanisme de la machine
vers sa fin sublime, que de maintenir
progressivement dans chaque peuple
une harmonie continuelle entre la demande des consommateurs indépendants et l'offre des agriculteurs et des
manufacturiers.

C'est donc manifestement à des fonctions aussi divines que le sont les siennes
que le Créateur a destiné les gouverneurs
des peuples, puisque dans son dessein
général ils ont dû le relever sur la terre,
et continuer à créer sur cette planete là
où il s'est arrété, afin d'y compléter en
son nom tout ce qui manquoit à sa gloire.

Mais, assez malheureux pour n'avoir
jamais su pénétrer les vraies vues du

Créateur sur la terre, ni par conséquent se former une idée des glorieuses fonctions dont il leur a fait un si saint devoir, ils n'ont jamais imaginé qu'ils dussent avoir d'autres vues à réaliser sur la terre que les leurs, ni d'autres moyens à appliquer à leurs gouvernements que ceux qu'il leur plairoit de se choisir eux-mêmes.

Et dans cette monstrueuse idée ils n'ont gouverné la terre que pour y détruire tout ce qui a dû être grand et bien sur elle dans le dessein général du Créateur, et la dévaster, dépeupler, et désoler par tant de maux, que trop de peuples ont eu à regretter d'avoir pu se donner des gouverneurs, et de ne s'être pas plutôt perpétués comme les sociétés de chasseurs et de pasteurs dans l'état de pures hordes.

Le grand fondement sur lequel le Créateur a assis le perfectionnement final de la terre c'est le développement indéfini du bien-être physique des peuples;

car de ce développement seul a dû naturellement résulter de lui-même, comme on l'a si clairement démontré, celui de tous les pouvoirs et de l'homme et de la terre.

Il est donc de toute évidence que ce que le Créateur s'est proposé principalement et avant toutes choses sur la terre c'est le plus grand bonheur de l'homme, puisque c'est la condition à laquelle il a subordonné d'une maniere absolue le développement final de toutes ses vues sur cette planete.

Et de là on voit de quelle impiété se sont rendus coupables envers le Créateur ces hommes audacieux qui dans leurs stupides déclamations ont osé représenter le système de la terre comme un système de malheurs en lui-même, plutôt que de s'en prendre des maux de cette planete à ceux qui en sont et en ont été dans tous les temps les seuls auteurs, pour n'avoir jamais voulu gouverner comme ils le devoient.

Car quoique le Créateur n'ait voulu tenir le développement du bien-être physique de l'espece humaine que des seules mains des gouverneurs des peuples, il n'a point entendu les laisser libres d'entreprendre ce développement par d'autres moyens que ceux qu'il leur a fixés lui-même de toute éternité dans son dessein général, et dont ils n'ont dû pouvoir s'écarter sans renverser le systême entier de ses grandes et bienfaisantes vues sur la terre jusque dans ses premiers fondements, et devenir les fléaux de cette planete.

Dans quel étonnement ne doit-on donc pas être que jamais aucun de ceux qui ont gouverné sur la terre, ou qui s'y sont érigés soit en législateurs, soit en instructeurs, n'ait su se former une idée de ces moyens, ni en sentir l'absolue nécessité dans tout vrai gouvernement?

Car falloit-il une si grande pénétration pour juger que nul peuple ne pourroit multiplier son bien-être physique dans

une progression non interrompue, sans
la multiplication non interrompue du
travail de ses agriculteurs et de ses manufacturiers ; que ses agriculteurs et ses
manufacturiers ne pourroient multiplier
leur travail dans une progression non
interrompue sans la multiplication non
interrompue de la consommation de ses
consommateurs indépendants, et que
ses consommateurs indépendans ne pourroient multiplier leur consommation
dans une progression non interrompue
sans la multiplication non interrompue
des métaux précieux en monnoies dans
leurs mains ?

Et étoit-il encore si difficile de comprendre que de toute disproportion entre
la demande des consommateurs indépendants et l'offre des agriculteurs et des
manufacturiers devoit résulter une
hausse ou une baisse dans le prix des
choses ; que de toute hausse et de toute
baisse dans le prix des choses devoit résulter une diminution dans le travail des

agriculteurs et des manufacturiers, et que de toute diminution dans le travail des agriculteurs et des manufacturiers devoit résulter dans tout peuple une diminution dans son bien-être physique, et par conséquent un déclin dans sa prospérité?

Cependant jamais les gouverneurs de la terre n'ont été frappés de ces éternelles vérités dans l'économie politique de leurs gouvernements, et n'ont par conséquent jamais senti l'importance infinie des deux grandes fonctions que le Créateur leur a imposées dans leurs stations, celle de multiplier continuellement et régulièrement les métaux précieux en monnoies dans les mains des consommateurs indépendants.

Car ils ont non seulement persévéré jusqu'à ce jour à ne laisser arriver les métaux précieux en monnoies que fortuitement et par conséquent sans regle dans les mains des consommateurs indépendants, mais à regarder même comme

la plus importante branche de leurs gouvernements l'art de savoir forcer des
taxes sur les nécessités, les commodités
et les agréments de la vie; et de troubler ainsi volontairement l'harmonie,
si essentiellement nécessaire dans tout
peuple entre la demande des consommateurs indépendants et l'offre des
agriculteurs et des manufacturiers.

En partant de tant de désordres dans
l'économie politique de leurs gouvernements, il faut donc nécessairement qu'ils
aient eu l'aveugle présomption de croire
que le Créateur n'avoit lié la terre au
système général de l'univers que dans
la seule vue de la leur abandonner pour
la gouverner et la traiter comme il leur
plairoit de le décider eux-mêmes.

Car s'ils avoient eu soin, comme le
leur imposoit si solennellement le plus
sacré de leurs devoirs, d'approfondir le
vrai mécanisme de l'économie politique
de leurs gouvernements, ils se seroient
non seulement convaincus que dans son

dessein général le Créateur a voulu sur la terre tout l'opposé de ce qu'ils se sont si arbitrairement permis d'y vouloir, mais qu'il a dû leur être infiniment facile de lui réaliser ses sublimes vues sur cette planete, comme il avoit tant de droits de l'attendre d'eux.

Mais, au lieu d'apprendre avant toutes choses comment ils ont dû gouverner pour faire jouir l'espece humaine de la vraie prospérité que le Créateur lui a préparée avec tant de soin sur la terre, ils ont persisté jusqu'à ce jour à ne faire prospérer les peuples que d'une prospérité de leur propre invention, et qu'on va leur présenter sous ses funestes conséquences.

Lorsqu'un peuple décline dans sa prospérité, ses agriculteurs et ses manufacturiers déclinent dans leur travail, et dès-lors il faut nécessairement que dans cette multitude d'individus qui ne travaillent dans l'agriculture et dans les manufactures que pour leur bien-être phy-

sique journalier, il y en ait qui soient
mis ou hors de tout travail, ou hors d'é-
tat de pouvoir se procurer par le travail
la suffisance de la vie, puisque l'un devient la cause immédiate de l'autre.

Et cette vérité incontestable apprend
aux gouverneurs de la terre à quels malheurs ils s'exposent et exposent tout
peuple qu'ils font décliner dans sa prospérité, à celui de devenir dès ce moment
incapables de pouvoir continuer à embrasser dans leur économie politique le
bien-être physique de toute sa population, et d'être forcés d'en exclure une
proportion quelconque de ses individus.

Mais exclure dans un peuple des individus de toute participation aux avantages de sa société, c'est manifestement
les abandonner à eux-mêmes, comme
s'ils existoient dans l'état de pure nature,
et par conséquent les réduire à l'absolue
nécessité de recourir pour leur maintien
aux mêmes moyens que pratiquent pour
le leur les purs animaux, à la condi-

tion desquels leur sort se trouve assimilé.

Destitués ainsi de toute autre maniere de pourvoir à leur existence, les uns imiteront ces animaux domestiques qui vivent gratuitement autour de l'homme, et chercheront par leurs importunités à obtenir les nécessités de la vie de la pure charité de leurs semblables ; d'autres auront recours pour se maintenir à toute l'astuce et toute la duplicité des animaux traîtres et perfides ; d'autres encore poursuivront leurs besoins avec toute la violence et toute la cruauté des animaux féroces qui fondent sur leurs proies à force ouverte ; et de là les mendiants, les malfaiteurs de toute espece, les traficants frauduleux, les parjures, les faux témoins, les faux accusateurs, les voleurs, et les assassins.

Telles sont, comme l'expérience ne l'a que trop universellement prouvé, les malheureuses extrémités auxquelles se portent généralement les hommes nécessairement désœuvrés, dont les gouverneurs de la terre déshonorent la population de tout peuple qu'ils font décliner dans sa prospérité.

Mais ce ne sont pas encore là tous les hommes qui corrompent leur moral dans un peuple qui décline dans le développement de son bien-être physique. L'exemple de ces hommes et les succès d'un grand nombre parmi eux entraînent bientôt dans les mêmes crimes ceux qui par le travail le plus dur sont à peine capables de se procurer le plus absolu nécessaire.

Et l'on verra même des individus dans les classes supérieures d'un tel peuple se corrompre et s'avilir sans honte par les plus dégradantes bassesses, en vendant leur honneur, leur conscience, et tout ce que l'homme a de plus saint dans son moral, pour chercher à se maintenir sans diminution dans leur ancienne aisance.

Or, comme il est impossible qu'une fausse prospérité puisse être autre chose,

même dans le cours le plus avantageux,
qu'une succession alternative de progrès
et de déclins; on voit combien dans un
long laps de temps les hommes dépravés
doivent se multiplier dans tout peuple
que ses gouverneurs sont incapables de
faire prospérer par des progrès non in-
terrompus.

Car telles que pussent être dans la suite
les nouvelles occasions de travailler,
qu'offriroit un peuple qui recommence-
roit à faire des progrès dans sa prospérité après en avoir décliné un temps;
l'expérience a prouvé que l'habitude une
fois enracinée de vivre dans l'oisiveté,
quoique par les plus honteux et les plus
criminels moyens, étouffoit dans l'homme toute inclination de poursuivre son
bien-être physique par le travail, et le
retenoit pour ainsi-dire irrésistiblement
dans sa maniere perverse de se maintenir.

Et c'est ainsi que les malheurs et les
crimes deviennent les funestes et insépa-

rables conséquences de toute fausse prospérité, et par conséquent de tous gouvernements contraires, soit dans leurs vues, soit dans leurs moyens, à celui que le Créateur a lui-même arrêté dans son dessein général, puisque ce n'est que sous de tels gouvernements que la prospérité des peuples peut être fausse.

Mais, loin d'avoir jamais eu l'idée de rapporter les malheurs et les crimes de la terre à cette unique cause, les gouverneurs des peuples n'ont perpétuellement considéré ces désordres que comme des fatalités inévitables dans tout gouvernement humain; et n'ont par conséquent jamais imaginé qu'ils dussent avoir à s'en occuper autrement qu'en prenant seulement des mesures pour venir au secours des malheureux par des soulagements extraordinaires, et pour réprimer les criminels par des inflictions de peines; et voici quelles ont été ces mesures.

Pour ceux des malheureux qui ne trouveroient plus à poursuivre leur bien-être

physique par le travail, et qui consenti-
roient à se laisser confiner, ils ont fondé
des édifices publics pour les y recevoir
et maintenir par des contributions levées
sur les classes industrieuses de leurs peuples ; et contre tous les autres ils ont érigé
des tribunaux, des prisons, et des écha-
fauds, avec la précaution de multiplier
continuellement les lois pénales en même
raison que se multiplieroient dans leur
hideuse variété les forfaits et les crimes.

Et voilà comment ils ont cru avoir
apporté en bons gouverneurs des reme-
des à des maux qui dans leur origine
n'ont pu être dus qu'à eux seuls, puisqu'il est de toute certitude que ce n'est
qu'à leurs déplorables erreurs dans l'économie politique de leurs gouvernements
que l'espece humaine a pu devoir ses
malheurs et ses crimes, et le Créateur
la destruction des bienfaisantes et sublimes vues dans lesquelles il a placé l'homme sur la terre.

L'espece humaine auroit donc été mille

fois moins malheureuse, et le Créateur moins déshonoré sur la terre, si les peuples, plutôt que de ne prospérer que d'une prospérité nécessairement sujette à décliner dans ses progrès, n'avoient jamais prospéré, puisqu'ils auroient au moins ignoré les dégradations et les calamités qu'ont amenées sur eux les faux gouvernements sous lesquels ils n'ont cessé de gémir jusqu'à ce jour.

Car l'expérience a prouvé généralement que ce n'étoient pas les peuples qui ne prospéroient point et qui restoient pour ainsi dire invariablement fixés dans leur bien être physique aux plus simples nécessités et commodités de la vie qui se corrompoient dans leur moral; ce malheur n'arrive qu'aux peuples qui, après avoir prospéré un temps, déclinent dans leur prospérité, puisque ce n'est que de cette seule manière que la dépravation peut s'introduire dans les sociétés humaines organisées pour leur vraie destination.

Il est infiniment affligeant d'avoir à citer, pour confirmer les funestes conséquences qu'on a si démonstrativement prouvées inséparables de toute fausse prospérité, une nation que l'Europe a sous ses yeux, et qui depuis un siècle a graduellement porté ce genre fatal de prospérité plus loin que ne l'a peut-être fait aucun autre peuple sur la terre.

Mais cette nation a trop précisément vérifié dans son économie politique tout ce qu'on a si clairement démontré des calamités que traîne inévitablement après elle toute fausse prospérité pour qu'on puisse se dispenser d'en présenter l'exemple aux autres nations, afin de les détourner, s'il est possible, des mêmes égarements.

Il est incontestable qu'il est arrivé à cette nation de faire depuis un siècle des progrès si étonnants dans le développement de sa fausse prospérité, que son économie politique a ébloui et frappé d'admiration tout le reste des nations de l'Europe.

Mais on demande à cette nation si ces étonnants progrès dans sa prospérité ont empêché qu'elle n'ait été forcée de couvrir graduellement son territoire d'asiles pour la réception de ses pauvres, et d'augmenter si monstrueusement les contributions pour leur maintien, qu'elles s'élèvent aujourd'hui dans leur montant au quadruple de la liste civile, c'est-à-dire du traitement que la nation alloue annuellement à son roi pour ses dépenses tant personnelles qu'obligatoires, ainsi que pour le faste de sa cour.

On demande à cette nation si ces étonnants progrès dans sa prospérité ont empêché que les mendiants, les voleurs, et les malfaiteurs de toute espèce ne se soient multipliés dans son sein, et qu'elle n'ait été obligée de grossir le code de ses lois pénales, et de multiplier les exécutions et les déportations.

En un mot on demande à cette nation si ces étonnants progrès dans sa prospérité ont empêché qu'elle n'ait infecté sa population d'une multitude d'hommes détachés de toute connexion avec l'ordre public de la société, et maintenant leur existence sans honte ni remords dans l'opprobre et le crime.

Et ce déplorable contraste, qui d'une part présente de la prospérité, et de l'autre tant de malheurs et de crimes, n'offre-t-il pas la plus incontestable preuve que la prospérité de cette nation n'a été, depuis son premier développement jusqu'à ce moment, qu'une alternative continuelle de progrès et de déclins, et par conséquent que la plus fausse prospérité?

Que ceux qui conduisent l'économie politique de cette nation se donnent la peine de la suivre avec attention dans le cours de son siècle de prospérité, et de compulser d'époque en époque les registres de ses paroisses, de ses tribunaux et de ses lois, et ils auront la preuve oculaire que rien n'a été exagéré dans l'énumération qu'on a faite des calamités qu'a forcées et accumulées sur elle sa fausse prospérité.

S'il étoit possible de supposer qu'on pût à dessein prémédité vouloir corrompre l'espece humaine, et amener sur elle les malheurs et les crimes, ou, ce qui est la même chose, détruire à la fois toutes les vues du Créateur sur la terre, la solution de cet horrible problême n'exigeroit donc pour toute condition que de mettre seulement les peuples dans un cours de fausse prospérité, puisque les déclins qu'ils éprouveroient inévitablement dans cette prospérité ne rempliroient que trop ce qu'on auroit cherché.

Cependant tel a été l'inconcevable aveuglement des gouverneurs de la terre, que c'est dans l'art de savoir donner à cet affreux problême la plus complete solution qu'ils ont fait consister jusqu'à ce jour la science de l'économie politique, et leur gloire, parcequ'ils n'ont jamais cru qu'ils dussent avoir à prendre sur leur compte la corruption ni les malheurs et les crimes des peuples.

Par la plus grande de toutes les erreurs, quoiqu'elle soit enracinée comme vérité dans tous les esprits, et avancée comme telle par toutes les bouches, ils se sont persuadé que toute prospérité, lorsqu'elle s'étendoit au-delà de certaines limites, devoit nécessairement corrompre les peuples, et les entraîner par degrés à tous les désordres possibles.

Mais s'il n'est malheureusement que trop vrai que dans cette opinion ils ont eu pour eux l'expérience de tous les siecles et de tous les peuples, quelle en a été la raison? c'est manifestement parceque jamais nulle part sur la terre les peuples n'ont prospéré autrement que d'une fausse prospérité.

Or s'il est de toute certitude que toute fausse prospérité doit nécessairement amener sur l'espece humaine les malheurs et les crimes, n'est-il pas de toute évidence que citer l'expérience pour prouver que toute prospérité doit nécessairement corrompre les peuples, c'est citer le plus faux et par conséquent le plus inadmissible témoignage, puisqu'il n'atteste rien contre une vraie prospérité?

Car une vraie prospérité, c'est-à-dire une prospérité conforme aux vues et opérée par les moyens du Créateur, présente le bonheur et le moral de l'espece humaine sous un aspect bien différent: comme elle développe nécessairement aux peuples leur subsistance, leur population et leurs besoins artificiels dans une progression non interrompue, elle ne peut jamais les faire décliner un seul instant dans leur bien-être physique, ni par conséquent amener sur eux les malheurs et les crimes.

Et ce qui auroit dû assurer dans tous les temps à l'espece humaine l'imperturbable jouissance du précieux sort que le Créateur lui a destiné sur la terre, c'est qu'il a dû être infiniment plus facile à ses gouverneurs de la faire prospérer d'une vraie prospérité que de la maintenir dans le cours d'une prospérité fausse.

Car il a dû être infiniment facile, comme on le fera voir, non seulement de multiplier dans chaque peuple aux consommateurs indépendants leurs métaux précieux en monnoies indéfiniment, mais de les leur multiplier continuellement dans les justes proportions qu'exige nécessairement l'harmonie entre leur demande et l'offre des agriculteurs et des manufacturiers.

Et comme c'est là tout ce que les gouverneurs de la terre ont dû avoir à faire dans leurs stations pour adapter continuellement leurs gouvernements au dessein général du Créateur, il ne restera qu'à leur prouver, comme on le fera graduellement dans cet ouvrage, qu'il ne dépend que de leur seule volonté de remplir continuellement les deux grandes conditions que le Créateur leur a prescrites pour cet effet.

Au moins ne sera-t-il plus possible alors qu'ils puissent ne pas être pénétrés de conviction que jusqu'à ce jour tout a été faux et impuissant dans l'universalité des mesures sur lesquelles ils ont fondé et conduit l'économie politique de leurs gouvernements.

CHAPITRE V.

Des consommateurs indépendants par excellence.

LE grand moyen sur lequel pose donc tout l'édifice de l'économie politique de la terre lorsqu'elle doit être conforme au dessein général du Créateur, c'est d'assurer invariablement aux consommateurs indépendants de chaque peuple la multiplication de leurs métaux précieux en monnoies dans une progression continuellement et régulièrement croissante.

Et la malheureuse présomption qu'ont eu dans tous les temps les gouverneurs de la terre de vouloir faire prospérer l'espece humaine sans ce moyen, est l'uni-

que cause que jusqu'ici ils ont été incapables de faire prospérer les peuples autrement que d'une fausse prospérité.

On voit donc de quelle importance
il est pour le sort futur de l'espece humaine qu'ils sachent ce que jamais ni
eux-mêmes ni leurs innombrables instructeurs n'ont cherché à savoir, c'est-
à-dire comment ils ont pu devenir capables de se revêtir du pouvoir de remplir
continuellement la grande condition à
laquelle le Créateur a lié d'une maniere
absolue tout vrai gouvernement sur la
terre.

On a dit plus haut que dans tout
peuple bien organisé pour sa vraie destination, les agriculteurs et les manufacturiers ont dû nécessairement recevoir
leurs métaux précieux en monnoies des
mains des consommateurs indépendants
en échange des nécessités, des commodités, et des agrémens de la vie qu'ils
leur fourniroient.

Car on a fait voir clairement que cette

maniere dont les agriculteurs et les manufacturiers ont dû obtenir dans chaque peuple les métaux précieux en monnoies formoit une des conditions absolues du mécanisme naturel de la vraie économie politique des peuples; mais ce qu'on n'a pas fait voir jusqu'ici c'est comment les métaux précieux en monnoies ont dû arriver dans les mains des consommateurs indépendants; et c'est ce qu'il est essentiel d'examiner.

Ceux qui dans chaque peuple doivent être considérés comme les principaux consommateurs indépendants sont, d'un côté les propriétaires de terres, de mines, et de pêcheries, qui renoncent au travail, et de l'autre les commerçants qui prennent sur eux d'être les médiateurs des échanges: et voici comment les métaux précieux en monnoies viennent naturellement dans les mains de ces deux grandes classes de consommateurs indépendants.

Les propriétaires de terres, de mines,

et de pêcheries, qui préferent d'être des consommateurs indépendants, abandonnent le travail et la jouissance de leurs terres, de leurs mines, et de leurs pêcheries à d'autres, à la condition de recevoir d'eux une rente annuelle en métaux précieux en monnoies.

Et comme cette rente annuelle en métaux précieux en monnoies est généralement une proportion déterminée du produit net des terres, des mines, et des pêcheries ainsi affermées, il est manifeste que plus ce produit net augmente, plus aussi la part qu'y ont les propriétaires de ces terres, de ces mines, et de ces pêcheries augmente, ou, ce qui est la même chose, plus ils augmentent leurs rentes annuelles en métaux précieux en monnoies.

Or le produit net des terres, des mines, et des pêcheries d'un peuple augmente progressivement lorsque ses agriculteurs et ses manufacturiers augmentent progressivement leur travail; et les agricul-

teurs et les manufacturiers d'un peuple
augmentent progressivement leur travail
lorsqu'il augmente progressivement sa
consommation générale en nécessités,
en commodités, et en agréments de la
vie, puisque dans l'ordre naturel des
choses ce n'est qu'à cette condition que
les agriculteurs et les manufacturiers
augmentent leur travail.

Il est donc clair que tout ce qui augmente la consommation générale d'un
peuple en nécessités, en commodités, et
en agréments de la vie augmente aussi
les métaux précieux en monnoies dans
les mains de ses consommateurs indépendants, qui sont des propriétaires de
terres, de mines, et de pêcheries.

Quant aux commerçants, comme ils
tirent leurs métaux précieux en monnoies des profits qu'ils se réservent sur
les échanges opérés par leur médiation,
il est évident que la multiplication progressive des métaux précieux en monnoies dans les mains de cette classe de

consommateurs indépendants dépend nécessairement chez tout peuple de la multiplication progressive des échanges.

Or pour que les échanges se multiplient chez un peuple il faut nécessairement que les choses à échanger s'y multiplient, et que pour cet effet les agriculteurs et les manufacturiers, qui seuls produisent ces choses, multiplient leur travail.

Mais comme les agriculteurs et les manufacturiers ne multiplieroient leur travail chez aucun peuple s'il ne multiplioit pas sa consommation générale en nécessités, en commodités, et en agrémens de la vie, il est manifeste qu'il faut nécessairement, pour que les échanges se multiplient chez un peuple, qu'il multiplie sa consommation générale.

Ainsi tout ce qui augmente la consommation générale d'un peuple en nécessités, en commodités, et en agrémens de la vie augmente aussi les métaux précieux en monnoies dans les mains de ses consommateurs indépendants, qui sont des commerçants.

Il est donc de toute évidence que, dans le vrai mécanisme de l'économie politique des gouvernements, la multiplication naturelle des métaux précieux en monnoies dans les mains des consommateurs indépendants d'un peuple dépend d'une manière absolue de la multiplication de sa consommation générale, et de là que tout ce qui arrête ou fait décliner dans ses progrès la consommation générale d'un peuple arrête aussi ou fait décliner ses consommateurs indépendants dans la multiplication de leurs métaux précieux en monnoies.

On a aussi dit précédemment que, dans tout peuple bien organisé pour sa vraie destination, la multiplication de la consommation générale dépendoit de la multiplication des métaux précieux en monnoies dans les mains des consommateurs indépendants.

Mais on vient de voir que chez tout

peuple la multiplication des métaux précieux en monnoies dans les mains des
consommateurs indépendants dépendoit
nécessairement de la multiplication de
la consommation générale ; et ces deux
différentes assertions supposeroient ce
qu'il seroit de toute impossibilité d'admettre, c'est-à-dire que l'effet peut précéder sa cause.

Car si les consommateurs indépendants d'un peuple ne peuvent augmenter sa consommation générale qu'autant
qu'ils augmentent dans leurs mains les
métaux précieux en monnoies, et si chez
nul peuple les consommateurs indépendants ne peuvent augmenter dans leurs
mains les métaux précieux en monnoies
qu'autant qu'il augmente sa consommation générale, il est impossible que dans
le cours naturel des choses aucun peuple
de la terre puisse devenir capable d'augmenter sa consommation générale par le
seul moyen de ses consommateurs indépendants.

Il n'en seroit pas de même si la cousommation générale d'un peuple pouvoit d'abord s'accroître sans l'intervention de ses consommateurs indépendants ; car comme par l'effet de cette augmentation préalable de sa consommation générale ses consommateurs indépendants augmenteroient leurs revenus annuels en métaux précieux en monnoies , il est évident qu'alors ils deviendroient à leur tour capables de lui augmenter sa consommation générale par leur consommation particuliere.

On voit donc clairement qu'il faut de toute nécessité , avant qu'il puisse être au pouvoir des consommateurs indépendants d'un peuple de lui augmenter sa consommation générale, qu'elle soit préalablement augmentée par une cause efficiente dont l'action précede la leur , puisque sans cela il seroit impossible qu'aucun peuple de la terre pût devenir capable de faire des progrès dans sa consommation générale , ni par conséquent dans sa prospérité.

Ce n'est donc qu'actuellement que l'on

pénetre toutes les conditions que doit
nécessairement embrasser l'organisation
des peuples, s'ils doivent pouvoir être
gouvernés dans les vues du Créateur, et
devenir capables de remplir leur vraie
destination sur la terre, l'ordre et la mé-
thode qu'on a adoptés dans cet ouvrage
n'ayant pas permis de développer plutôt
ces conditions dans toute leur étendue.

On avoit fait voir que tout peuple bien
organisé pour sa vraie destination devoit
nécessairement embrasser dans sa population trois classes d'hommes distinctes;
des agriculteurs pour cultiver la terre,
des manufacturiers pour façonner les
matieres brutes de la terre à des usages,
et des consommateurs indépendants pour
consommer continuellement les produits
du travail de ces deux classes d'hommes.

Mais comme on vient de prouver que
dans ce seul ordre de choses aucun peuple n'auroit pu devenir capable d'augmenter sa consommation générale, ni
par conséquent son bien-être physique,

il est manifeste qu'il a nécessairement
fallu qu'il existât dans la population de
chaque peuple une quatrieme classe
d'hommes, dont les fonctions seroient
d'être continuellement les premiers à lui
augmenter sa consommation générale,
et de précéder à cet égard ses consommateurs indépendants ordinaires; et pour
distinguer les consommateurs indépendants de cette classe de ceux de la classe
ordinaire, on les nommera consommateurs indépendants par excellence.

Ainsi des agriculteurs, des manufacturiers, des consommateurs indépendants ordinaires, et des consommateurs
indépendants par excellence; voilà les
quatre classes d'hommes que les peuples
de la terre ont dû nécessairement embrasser dans leur population pour se
trouver complètement organisés pour
leur vraie destination.

Ce n'est que dans cet unique mode
des sociétés humaines que ceux qui les
gouvernent ont pu devenir capables de

les faire prospérer imperturbablement
d'une vraie prospérité, comme l'enchaînement des fonctions de ces quatre classes d'hommes et leurs actions et réac-
tions les unes sur les autres en offrent
la preuve la plus convaincante.

Car posez dans un peuple l'augmentation de la consommation de ses consommateurs indépendants par excellence,
et vous poserez aussi nécessairement
l'augmentation de sa consommation générale; posez l'augmentation de sa consommation générale, et vous poserez
aussi nécessairement l'augmentation du
travail de ses agriculteurs et de ses manufacturiers; posez l'augmentation du
travail de ses agriculteurs et de ses manufacturiers, et vous poserez aussi nécessairement l'augmentation des revenus
annuels en métaux précieux en monnoies de ses consommateurs indépendants ordinaires: enfin posez l'augmentation des revenus annuels en métaux
précieux en monnoies de ses consomma-

teurs indépendants ordinaires, et vous
poserez aussi nécessairement l'augmentation de sa consommation générale par
leur consommation particuliere.

Il est donc de toute évidence que la
consommation des consommateurs indépendants par excellence est le principe
actif et le ressort principal du mécanisme de l'économie politique de la terre,
tel que le Créateur l'a lui-même arrêté
dans son dessein général.

Car c'est de cette consommation qu'a
dû dépendre dans chaque peuple d'une
maniere absolue le vrai mouvement de
tous les rouages de son économie politique, puisque c'est d'elle qu'a dû dépendre
la multiplication progressive du travail
des agriculteurs et des manufacturiers,
la multiplication progressive des métaux
précieux en monnoies dans les mains de
ses consommateurs indépendants ordinaires, la multiplication progressive de
la consommation particuliere de cette
classe de ses consommateurs indépen-

dants, en un mot la multiplication progressive de son bien-être physique, et par conséquent l'imperturbable jouissance d'une vraie prospérité.

Il est donc impossible de n'être pas convaincu que gouverner la terre dans les vues du Créateur n'a dû définitivement exiger pour toute mesure que de savoir seulement bien ménager dans chaque peuple la consommation des consommateurs indépendants par excellence, puisque c'est de cette consommation seule qu'a dû dépendre le sort entier des peuples.

Or l'unique chose que les gouverneurs des peuples ont dû avoir à faire dans le ménagement de cette importante consommation, pour l'adapter aux vues précises du Créateur, c'est de la mettre et maintenir dans un cours d'accroissements continuels et réguliers.

Car en la ménageant ainsi sans cesse, ils mettroient et maintiendroient les peuples dans le cours perpétuel d'une vraie prospérité, et seroient ainsi aux yeux du Créateur de vrais gouverneurs sur la terre, puisqu'ils deviendroient l'infaillible cause du développement de tout ce que ses vues ont embrassé de grand et de sublime dans l'ordre moral et physique de cette planète.

Comme au contraire ils jetteroient les peuples dans un faux cours de prospérité, et deviendroient par conséquent des faux gouverneurs, s'ils s'écartoient dans la multiplication de la consommation des consommateurs indépendants par excellence des deux conditions sur lesquelles ils ont dû nécessairement avoir à la ménager, celle de la multiplier continuellement, et celle de la multiplier régulièrement.

Car du moment où les consommateurs indépendants par excellence se trouveroient arrêtés dans les progrès de leur consommation, les agriculteurs et les manufacturiers se trouveroient nécessairement arrêtés dans la multiplication

progressive de leur travail, les consommateurs indépendants ordinaires dans la
multiplication progressive de leurs revenus annuels en métaux précieux en monnoies, et les peuples dans les progrès de
leur prospérité, puisqu'il est impossible
que chez aucun peuple bien organisé
pour sa vraie destination les agriculteurs et les manufacturiers puissent multiplier leur travail, ni par conséquent les
consommateurs indépendants ordinaires
leurs revenus annuels en métaux précieux en monnoies, que préalablement
les consommateurs indépendants par
excellence n'aient multiplié leur consommation, et par-là la consommation
générale.

Et si les consommateurs indépendants
par excellence multiplioient leur consommation irrégulièrement, c'est-à-dire
en disproportion avec l'offre des agriculteurs et des manufacturiers, ils cau-
seroient nécessairement des hausses ou
des baisses dans le prix des choses; et

de là un déclin dans la prospérité des peuples.

Il est donc de toute évidence que tout système d'économie politique dans lequel les consommateurs indépendants par excellence seroient incapables de multiplier leur consommation dans une progression continuellement et régulièrement croissante deviendroit nécessairement pour les peuples une source de malheurs et de crimes, puisqu'il seroit de toute impossibilité que sous un tel système d'économie politique aucun peuple de la terre pût devenir capable de prospérer autrement que d'une fausse prospérité.

Et c'est pour n'avoir jamais su se pénétrer de cette importante vérité que les gouverneurs des peuples ont continué jusqu'à ce jour à ne fonder l'économie politique de leurs gouvernements que sur de purs expédients, et des expédients si honteux par leur impuissance, et si funestes dans leurs effets, qu'il étoit impossible d'en imaginer de plus destructifs et du bonheur de la terre et de l'honneur du Créateur.

Mais comme on a lieu de croire qu'ils seront enfin convaincus que, dans le dessein général du Créateur, la vraie perfection des gouvernements de la terre n'a dû exiger, pour toute mesure, que de ménager seulement la consommation des consommateurs indépendants par excellence de maniere à ne jamais arrêter ni laisser décliner les peuples un seul instant dans le développement de leur prospérité, rien ne doit plus être nécessaire que de leur tracer les moyens par lesquels ils ont pu devenir capables de gouverner ainsi perpétuellement; et c'est ce qu'on va faire dans la suite de cet ouvrage.

Comme tout peuple bien organisé a dû nécessairement opérer ses échanges et par conséquent sa consommation en nécessités, en commodités, et en agréments de la vie avec l'intervention des

métaux précieux en monnoies, il est manifeste que les consommateurs indépendants par excellence dont les fonctions
ont dû être de multiplier leur consommation dans une progression continuellement croissante, ont dû aussi pouvoir
puiser leurs revenus annuels en métaux
précieux en monnoies dans une source
constante et illimitée.

Car si la source dans laquelle ils auroient eu à puiser leurs revenus annuels
en métaux précieux en monnoies avoit
été ou précaire ou limitée, ils n'auroient
jamais pu devenir capables de remplir
les importantes fonctions qui leur ont
été fixées dans l'économie politique de
la terre, puisque dans le premier cas il
auroit été impossible qu'ils eussent pu
être certains de ne jamais se trouver réduits à la nécessité de décliner dans leur
consommation, et que dans le second
le moment seroit enfin venu où il n'auroit plus été en leur pouvoir d'y faire
des progrès ultérieurs.

Il est donc indubitable que nul peuple dont les consommateurs indépendants par excellence ne puiseroient point leurs revenus annuels en métaux précieux en monnoies dans une source intarissable ne pourroit prospérer d'une vraie prospérité ; et c'est encore ce que jamais ni les gouverneurs ni les instructeurs des peuples n'ont pu comprendre.

Ils ont à la vérité conçu la nécessité de consommateurs indépendants par excellence dans l'économie politique des gouvernements ; mais comme ils n'ont jamais su en quoi a dû consister la vraie prospérité des peuples, ils n'ont aussi perpétuellement eu que les plus confuses idées des vraies fonctions que cette suprême classe de consommateurs indépendants a dû avoir à remplir dans chaque peuple.

Car s'ils avoient su se former une juste idée du vrai mécanisme de l'économie politique des gouvernements, il auroit été impossible qu'ils eussent pu persis-

ter à ne faire arriver les métaux précieux
en monnoies dans les mains des peuples
que de sources non seulement incer-
taines et irrégulieres, mais de plus infiniment bornées, lorsqu'on les compare
avec les immenses besoins d'une vraie
prospérité.

Avant toutes choses il faut donc leur
ouvrir les yeux sur le choix fatal qu'ils
ont fait des moyens par lesquels ils ont
cherché à enrichir les peuples de métaux
précieux en monnoies, afin de les forcer
de reconnoître l'impuissance des expédients qu'ils ont appliqués jusqu'ici à
l'économie politique de leurs gouvernements, et de les convaincre que quelque
dignes que pussent être leurs intentions
pour le bonheur de ceux qu'ils gouvernent, elles resteroient perpétuellement
vaines tant qu'ils ne rempliroient point
les conditions sans lesquelles tous les
gouvernements imaginables n'ont pu
être pour l'espece humaine que des systèmes de malheurs et de crimes.

CHAPITRE VI.

Du commerce extérieur.

A la honte de l'esprit humain et des siecles prétendus éclairés on a considéré dans tous les temps le commerce extérieur comme le grand fondement de la prospérité des peuples, et la vraie source dans laquelle ils ont dû s'enrichir de métaux précieux en monnoies ; et l'espece humaine a dû à l'aveugle fanatisme pour cet insensé et faux moyen de prospérité des troubles et des guerres comme à celui pour ses religions.

Car on va prouver démonstrativement que c'est précisément pour avoir fondé le développement de la prospérité des peuples sur le commerce extérieur que les gouverneurs de la terre ont amené sur cette planete les malheurs et les crimes, et causé la destruction de tout ce que le Créateur avoit destiné sur elle d'heureux et de glorieux à l'espèce humaine.

Le premier vice énorme que présente le commerce extérieur à tout peuple qui fonde sur lui le développement de sa prospérité, c'est de placer le ressort principal du mécanisme de son économie politique, c'est-à-dire ses consommateurs indépendants par excellence, hors de son sein et dans le sein d'autres peuples.

Car s'il est incontestable que les gouverneurs de la terre n'ont pu devenir capables de faire prospérer les peuples d'une vraie prospérité, qu'autant qu'ils multiplieroient la consommation des consommateurs indépendants par excellence dans une progression continuellement et régulièrement croissante, il est manifeste qu'ils ont dû nécessairement avoir dans chaque peuple la suprême direction de cette consommation, et par conséquent tenir les consommateurs indépendants par excellence dans leur absolue dépendance.

Or, comme il est de toute certitude que les consommateurs indépendants par excellence qu'un peuple se donne par le commerce extérieur sont et restent perpétuellement libres de régler leur consommation comme il leur plaît, et par conséquent sans égards quelconques pour le cours de sa prospérité, il est impossible de ne pas voir qu'ils ne sont et ne peuvent jamais être ni sous la suprême direction, ni dans l'absolue dépendance de ses gouverneurs.

On voit donc clairement qu'il est de toute impossibilité que les gouverneurs d'un peuple qui développe sa prospérité par le commerce extérieur puissent devenir capables de remplir la plus essentielle condition de son économie politique, celle de multiplier la consommation de ses consommateurs indépendants par excellence dans une progression continuellement et régulièrement croissante, ni par conséquent de le faire prospérer autrement que d'une fausse prospérité.

Ainsi, quand le commerce extérieur n'auroit eu pour tout vice que de présenter aux peuples dans le développement de leur prospérité de tels consommateurs indépendants par excellence, il auroit dû être proscrit d'une maniere absolue de l'économie politique de la terre comme ne pouvant conduire l'espece humaine qu'à la plus fausse et la plus fatale prospérité.

Mais ce commerce considéré comme moyen de prospérité a pour les peuples un autre grand vice encore qui auroit dû également le bannir à jamais de l'économie politique des gouvernements, si les gouverneurs de la terre avoient su se former une idée de la vraie prospérité de l'espece humaine, et cet autre grand vice du commerce extérieur est que par sa nature il est inconstant et précaire.

Car les consommateurs indépendants par excellence que le commerce extérieur fournit à un peuple n'étant ni ne pouvant jamais être indissolublement liés à son économie politique, il est manifeste qu'il est continuellement en leur pouvoir de s'en détacher entièrement, et de prendre la résolution, soit de pourvoir enfin à leurs besoins dans leur propre sein, soit de se les procurer pour l'avenir chez d'autres peuples.

Et c'est la raison pourquoi l'expérience a montré successivement sur la terre tant de peuples qui, après s'être attiré par le commerce extérieur une multitude de consommateurs indépendants par excellence, s'en sont trouvés totalement abandonnés avec le temps les uns après les autres.

Ce n'étoit donc pas assez que, dans leurs égarements, les gouverneurs de la terre eussent lié à l'économie politique de leurs gouvernements des consommateurs indépendants par excellence dont ils ne pouvoient jamais devenir capables de diriger la consommation; il falloit de plus, pour le malheur des peuples, qu'il fût au parfait pouvoir de ces consommateurs indépendants par excellence de cesser leur consommation quand il leur plairoit.

Enfin un troisieme vice nécessairement inhérent au commerce extérieur pour tout peuple qui se repose sur lui pour le développement de sa prospérité, c'est d'être limité dans ses ressources, et de ne pouvoir assurer à aucun peuple la multiplication de ses métaux précieux en monnoies dans une progression indéfiniment croissante.

Car il est clair qu'aucun peuple ne peut accroître la masse de ses métaux précieux en monnoies par le commerce extérieur autrement qu'en recevant des balances pour les nécessités, les commodités, et les agréments de la vie, qu'il fournit à d'autres peuples au-delà de ce qu'il en reçoit d'eux.

Or, comme les peuples qui dans le cours du commerce ont définitivement les balances contre eux s'appauvrissent en métaux précieux en monnoies de tout le montant de ces balances, il est évident qu'il faut de nécessité absolue que tôt ou tard ils renoncent à leur consommation étrangere, ou, s'ils veulent y persévérer, qu'ils la circonscrivent dans des limites continuellement plus étroites.

Il est donc certain que nul peuple ne peut s'attendre que les consommateurs indépendants par excellence, que ses gouverneurs lui assignent dans le sein d'autres peuples, multiplieront dans le sien leur consommation en nécessités, en commodités, et en agréments de la vie dans une progression continuellement croissante; et c'est la raison pourquoi on n'a jamais vu aucun peuple que le commerce extérieur, même dans ses plus grands et ses plus longs succès, n'ait pas perpétuellement laissé dans son agriculture, dans ses manufactures, et dans sa population infiniment au-dessous des progrès qu'il étoit capable d'y faire.

Ce n'est donc qu'à trop juste titre que l'on a estimé le commerce extérieur un moyen de prospérité faux et insensé dans l'économie politique des gouvernements, puisqu'il est de toute impossibilité qu'il puisse répondre à aucune des conditions qu'exige d'une maniere si absolue l'imperturbable développement de la vraie prospérité des peuples.

Et avoir pu persister jusqu'à ce jour à choisir ce commerce pour principe actif de l'économie politique de la terre ne confirme que trop ce qu'on a malheureusement déja eu tant d'occasions de prouver, que depuis qu'on gouverne et qu'on enseigne l'art de gouverner on n'a jamais su pénétrer en quoi ont dû consister, dans le dessein général du Créateur, le vrai gouvernement et la vraie prospérité de l'espece humaine.

Car ne faut-il pas avoir totalement ignoré que nul peuple ne pouvoit devenir capable de prospérer d'une vraie prospérité si ses consommateurs indé-

pendants par excellence ne multiplioient
pas leur consommation dans une progression continuellement et régulièrement croissante, pour avoir pu choisir
et fixer aux peuples des consommateurs
indépendants par excellence incapables
de multiplier ainsi leur consommation?

Et ne faut-il pas avoir totalement ignoré
que nul peuple ne pouvoit devenir capable de prospérer d'une vraie prospérité, si ses consommateurs indépendants
par excellence ne remplissoient pas avec
la plus constante fidélité la grande fonction qu'ils ont dû prendre sur eux dans
l'économie politique des vrais gouvernements, pour avoir pu choisir et fixer
aux peuples des consommateurs indépendants par excellence inconstants
dans leur consommation?

Que faut-il donc conclure de ce funeste égarement des gouverneurs de la
terre? qu'ils ont été jusqu'à ce jour dans
la malheureuse persuasion que tout ce
qu'il étoit en leur pouvoir de faire pour

leurs peuples, c'étoit de leur procurer
passagèrement une prospérité accompa-
gnée de malheurs et de crimes ; erreur
énorme, mais à la destruction de laquelle
on ose espérer de n'avoir pas vainement
consacré cet ouvrage : l'on y prouvera
démonstrativement que chez chaque
peuple de la terre la vraie prospérité a
dû pouvoir continuer dans un cours non
interrompu aussi long-temps que subsistera cette planete.

Mais résulte-t-il donc de tout ce qu'on
a si clairement démontré du commerce
extérieur que les peuples ont dû s'en abstenir, et ne jamais avoir à cet égard de
relations entre eux? on a été infiniment
loin de vouloir le dire.

La nature n'a manifestement enrichi
la terre dans ses différents climats d'une
si prodigieuse variété de productions que
dans la vue que les peuples eussent ensemble des communications par le commerce, afin que chacun pût se procurer
avec l'assistance des autres les commodi-

tés et les agréments de la vie que son territoire lui auroit refusé.

Mais dans ce commerce chaque peuple a dû continuellement recevoir des autres peuples en produits de leur travail précisément la même valeur qu'il leur fournissoit en produits du sien, et par conséquent sans balances quelconques ni favorables ni défavorables, puisque ces balances auroient troublé le cours régulier de la consommation de ses consommateurs indépendants par excellence, à qui seuls il a dû appartenir de déterminer les accroissements précis de sa consommation générale, et non à des balances de commerce inévitablement irrégulieres.

Car le Créateur ayant voulu que ses bienfaisantes vues sur la terre se réalisassent universellement sur toute cette planète, et qu'il n'y eût par conséquent aucun territoire qui ne fût développé sous tous ses pouvoirs, il est manifeste qu'il a aussi voulu que chaque peuple s'élevât de lui-même à toute sa prospérité possible, et de là qu'aucun n'enlevât aux autres ou se laissât enlever les métaux précieux en monnoies, c'est-à-dire les moyens de prospérités par des balances de commerce.

Tout ce qu'on a dit de l'impuissance du commerce extérieur dans le développement de la prospérité de l'espece humaine s'applique également aux mines des métaux précieux, qui ne sont capables d'enrichir les peuples de métaux précieux en monnoies ni dans des progressions continuellement et régulièrement croissantes, ni dans l'immense quantité qu'exige nécessairement le complet développement de leur vraie prospérité.

Car les mines des métaux précieux n'étant le partage que d'un petit nombre de peuples, il est évident que presque tous les peuples de la terre n'auroient pu arriver à leurs métaux précieux en monnoies que par des balances de commerce, et par conséquent que par des moyens faux et impuissants dans leur économie politique.

Mais, quand la nature auroit même

multiplié les mines des métaux précieux
plus qu'elle ne l'a fait, l'expérience a
prouvé que ces mines, loin de produire
continuellement plus de métaux précieux, décroissoient au contraire dans
leurs produits; d'ailleurs les métaux précieux qu'elles produisent n'entrent pas
tous comme monnoies dans la circulation
générale des peuples, mais sont aussi
destinés en grandes proportions à d'autres usages.

On voit donc clairement qu'une infinité de peuples n'auroient jamais pu devenir capables de s'élever à toute leur
prospérité possible avec la seule intervention des métaux précieux en monnoies, puisqu'ils n'auroient jamais pu ni
s'en procurer assez pour cet effet, ni se
les ménager dans des proportions régulièrement croissantes. Mais comme cette
importante vérité n'a jamais été bien
sentie, il est nécessaire de la développer
ultérieurement.

Nombre d'instructeurs dans l'économie politique des gouvernements ont si totalement ignoré jusqu'aux premiers principes de cette science, qu'ils ont osé avancer qu'il étoit parfaitement indifférent pour le développement de la prospérité des peuples qu'ils opérassent leurs échanges avec l'intervention d'une grande ou d'une médiocre masse de métaux précieux en monnoies.

Car ils ont paru intimement persuadés que tout ce qui pourroit résulter pour les peuples de l'introduction de plus ou de moins de métaux précieux en monnoies dans leurs échanges seroit simplement que le prix de leurs choses se trouveroit exprimé par plus de métaux précieux en monnoies dans le premier cas que dans le second.

Il est indubitable que dans un peuple dont les agriculteurs et les manufacturiers resteroient invariablement fixés à la même quantité de travail, et n'en augmenteroient par conséquent jamais les produits, il seroit entièrement indifférent

qu'il opérât sa circulation générale avec
beaucoup ou avec peu de métaux précieux en monnoies, et qu'il lui deviendroit même plus commode de ne l'opérer
qu'avec peu.

Mais lorsqu'un peuple veut engager
ses agriculteurs et ses manufacturiers à
étendre leur travail au-delà du foible degré auquel il auroit été capable de les
amener avec le peu de métaux précieux
en monnoies qui auroient servi à sa circulation générale, il faut de nécessité absolue qu'il leur en offre une plus grande
quantité, et qu'il augmente par conséquent la masse de ceux qu'il possédoit
antérieurement, puisqu'il est de toute
certitude que jamais les agriculteurs
et les manufacturiers n'augmenteroient
pour lui leur travail gratuitement.

Et comme nul peuple ne peut augmenter sa prospérité si ses agriculteurs
et ses manufacturiers n'augmentent pas
leur travail, et que dans nul peuple ces
deux classes d'hommes n'augmenteroient

leur travail, si elles n'augmentoient leur bien-être physique, ou, ce qui est la même chose, si elles ne recevoient pas une plus grande quantité de métaux précieux en monnoies en échange d'une plus grande quantité de nécessités, de commodités, et d'agréments de la vie ; il est de toute évidence que nul peuple ne peut augmenter sa prospérité s'il n'augmente pas la masse de ses métaux précieux en monnoies.

Mais, quoiqu'il soit impossible de ne pas rester convaincu de cette vérité fondamentale dans l'économie politique des vrais gouvernements, il est d'une si haute importance de la graver profondément dans tous les esprits, qu'on va la développer démonstrativement de ses premiers principes.

Toute machine, soit naturelle, soit artificielle, destinée à opérer une fin, a dû nécessairement être organisée pour cet effet ; car vouloir obtenir une fin d'une machine qui n'auroit point été organisée pour la remplir seroit manifestement vouloir s'en promettre l'impossible.

On a dit que l'économie politique de l'espèce humaine devoit être considérée comme une machine dont la fin étoit de développer progressivement l'homme et la terre sous tous leurs pouvoirs; et ce n'est pas seulement par quelque ressemblance et figurativement, mais dans la réalité et sous tous les rapports qu'on l'a envisagée ainsi, puisque l'obtention de sa fin a dû être, comme dans toutes les machines, le pur effet du jeu de son mécanisme.

L'on a fait voir aussi comment la machine de l'économie politique des gouvernements a dû nécessairement être organisée pour devenir capable de répondre à sa sublime fin avec le plus infaillible succès, et quelles sont au contraire les organisations sous lesquelles elle a dû rester éternellement incapable de pouvoir la remplir.

Les organisations sous lesquelles il a

dû être impossible aux sociétés humaines de remplir leur vraie destination sur la terre sont celles où leur population n'auroit été composée que d'agriculteurs, ou d'agriculteurs et de manufacturiers, ou d'agriculteurs, de manufacturiers, et de consommateurs indépendants ordinaires; et la seule organisation sous laquelle elles ont dû pouvoir prospérer imperturbablement d'une vraie prospérité est celle où leur population embrasseroit à la fois des agriculteurs, des manufacturiers, des consommateurs indépendants ordinaires, et des consommateurs indépendants par excellence.

Car sans les consommateurs indépendants par excellence la machine de l'économie politique des peuples n'auroit eu que des rouages et point de ressort pour les mettre en action, puisqu'il est impossible que, dans aucun peuple organisé dans les vues du Créateur, les rouages de l'économie politique puissent recevoir leurs vrais mouvements d'aucune autre

impulsion que de celle des consomma
teurs indépendants par excellence.

Mais quoique l'économie politique des
gouvernements soit une vraie machine,
et qu'elle tende à sa fin précisément de
la même maniere que tendent aux leurs
toutes les autres machines, elle a cependant nécessairement dû avoir cela d'extraordinaire que son ressort a dû continuellement et régulièrement augmenter
en puissance, tandis que la puissance
des ressorts appliqués aux machines com-
munes reste généralement limitée au
même degré.

Et s'il est de toute certitude, comme
on l'a si amplement démontré, que c'est
dans la consommation continuellement
et régulièrement croissante des consommateurs indépendants par excellence
qu'a dû consister, dans tout peuple, la
vraie puissance du ressort de son économie politique, il est de toute évidence
que ce n'est qu'en multipliant continuellement et régulièrement leur consomma-

tion en nécessités, en commodités, et en agréments de la vie que les consommateurs indépendants par excellence ont pu devenir capables de maintenir les peuples imperturbablement dans le cours d'une vraie prospérité.

Or, comme dans nul peuple bien organisé la consommation en nécessités, en commodités, et en agréments de la vie n'a dû s'effectuer autrement qu'avec l'intervention des métaux précieux en monnoies, il est manifeste que chez tout peuple la vraie puissance du ressort de son économie politique a dû définitivement émaner de la multiplication continuelle et régulière des métaux précieux en monnoies dans les mains de ses consommateurs indépendants par excellence.

Ainsi créer dans le sein de chaque peuple des consommateurs indépendants par excellence, et multiplier continuellement et régulièrement dans leurs mains les métaux précieux en monnoies, voilà par

quels moyens les gouverneurs des peuples ont pu devenir capables de gouverner la terre dans les vues du Créateur,
et de la déployer à ses yeux moralement
et physiquement sous l'heureux et glorieux aspect pour lequel il l'a si expres-
sément préparée de toute éternité.

Tel étant le vrai mécanisme de l'économie politique de la terre, il est évident
que c'est ce mécanisme, bien ou mal dirigé, qui a dû décider d'une manière
absolue du sort de l'espece humaine sur
cette planete, soit en tout ce que le Créateur lui a destiné d'éminent dans son
dessein général, soit en tout ce qu'ont
pu amener sur elle de dégradant ses malheureux gouverneurs.

On voit donc de quelle nécessité il est
de faire voir à ceux qui tiennent dans
leurs mains le sort de la terre avec quelle
facilité ils ont pu devenir capables de
diriger cet important mécanisme continuellement bien, et de s'acquitter pour
l'avenir des devoirs solennels qu'ils ont
dû avoir à remplir dans leurs stations.

Car, d'après les grandes et incontestables vérités qu'on leur a si démonstrativement présentées dans le cours de cet
ouvrage, et qui leur tracent dans le gouvernement de la terre un ordre de choses
si différent de celui qu'ils se sont si malheureusement forgé eux-mêmes, il est
impossible qu'ils puissent ne pas être
convaincus qu'il a dû non seulement être
en leur pouvoir de faire prospérer leurs
peuples imperturbablement d'une vraie
prospérité, mais que gouverner ainsi
l'espèce humaine n'a dû consister que
dans un pur mécanisme bien dirigé.

CHAPITRE VII.

Du crédit public en général.

Sans la multiplication continuelle et
régulière des métaux précieux en monnoies dans les mains des consommateurs
indépendants par excellence, cette importante classe de consommateurs in-

dépendants n'auroit été ni pu être qu'un
faux ressort dans l'économie politique
des gouvernemens, puisque de son action désordonnée sur la consommation
générale des peuples n'auroit continuellement pu résulter qu'une fausse prospérité, comme on l'a si clairement prouvé
à l'égard des consommateurs indépendants par excellence pris dans le commerce extérieur.

Mais s'il est certain, comme on l'a fait
voir également, que les mines de la terre
étoient incapables de fournir tous les métaux précieux que demande nécessairement l'imperturbable développement de
la vraie prospérité de l'espece humaine,
comment a-t-il donc pu devenir possible
à ceux qui gouvernent les peuples de les
faire prospérer autrement que d'une
fausse prospérité? c'est ce qu'il reste de
plus important à leur indiquer.

De ce que la nature n'a point rendu
les mines des métaux précieux assez pro-
ductives pour enrichir l'espece humaine

de tous ceux dont les consommateurs
indépendants par excellence ont dû graduellement avoir besoin dans chaque
peuple pour le faire prospérer d'une vraie
prospérité, on doit nécessairement conclure que dans son dessein général le
Créateur n'a point entendu que les peuples opéreroient tous leurs échanges avec
l'intervention actuelle des métaux précieux en monnoies.

Car si l'espece humaine avoit dû nécessairement opérer tous ses échanges
avec l'immédiate intervention des métaux précieux en monnoies, il est manifeste que jamais les gouverneurs des peuples n'auroient pu les faire prospérer
d'une vraie prospérité, ni par conséquent
devenir responsables des malheurs et des
crimes de la terre, puisqu'il n'auroit jamais pu être en leur pouvoir d'affranchir
cette planete, ni moralement ni physiquement, des désordres qui l'ont désho-
norée jusqu'à ce jour.

Mais comme dans sa sagesse infinie le

Créateur ne s'est proposé aucune fin dans l'univers à laquelle il n'ait lié les plus infaillibles moyens, et que le développement de tout ce qu'il a laissé informe sur la terre est la grande fin qu'il a eue en vue en plaçant l'homme sur cette planete, il est de toute impossibilité qu'il ait pu ne pas ménager à ceux qu'il a destinés à prendre sur eux cette glorieuse tâche les moyens nécessaires pour la remplir.

Et si jusqu'ici ces précieux moyens ont resté inconnus aux gouverneurs de la terre c'est parcequ'ils n'ont jamais cherché à les pénétrer, ni à fonder l'économie politique de leurs gouvernements sur d'autres moyens que ceux qui ont pu les conduire à leurs propres vues.

La circulation des métaux précieux en monnoies dans les échanges des peuples peut être ou effective ou représentative; elle est effective lorsque les métaux précieux en monnoies passent immédiatement des mains des acheteurs dans celles des vendeurs, et elle est représentative lorsque ces métaux sont représentés dans les échanges par des choses revêtues du pouvoir de se réaliser en eux : la premiere de ces deux sortes de circulations des métaux précieux en monnoies est leur circulation naturelle, et la seconde leur circulation artificielle.

Les métaux précieux en monnoies ont pu être représentés dans les échanges des peuples par une variété de choses ; mais le papier est celle qu'on a généralement choisie de préférence pour cet effet, parcequ'il est par sa nature facilement transportable, et de plus capable de représenter, sous un très petit volume et un très léger poids, les plus grandes sommes de métaux précieux en monnoies.

On a soin d'exprimer sur chaque piece de papier les deux conditions qui la constituent essentiellement dans son caractere de représentant des métaux précieux en monnoies, savoir la quantité précise de ces métaux qu'elle est désignée représenter, et le pouvoir de se réaliser en eux.

Et pour ne point confondre le représentant avec le représenté, c'est-à-dire le papier avec les métaux précieux en monnoies, on lui donne le nom de crédit, parceque tous ceux dans les mains desquels il passeroit ont dû avoir la plus entiere confiance qu'il seroit en leur pouvoir de le réaliser précisément en la même quantité de métaux précieux en monnoies qu'il représenteroit.

On doit distinguer le crédit en crédit public et en crédit particulier : le crédit public d'un peuple est celui sur lequel est fondé sa circulation générale ; et tout crédit qui n'embrasse pas la circulation générale d'un peuple n'est qu'un crédit particulier.

Et comme le crédit public, tel qu'on vient de le définir, est destiné à passer universellement dans les mains de tous les individus des peuples, il est important de leur apprendre une fois pour toutes ce qu'ils doivent recevoir avec confiance comme crédit public vrai, et ce qu'ils doivent rejeter d'une maniere absolue comme crédit public faux.|

Le crédit public n'est vrai que lorsqu'il se trouve revêtu dans le plus haut degré de certitude du pouvoir de se réaliser précisément en la même quantité de métaux précieux en monnoies qu'il représenteroit, et il est faux lorsqu'il se trouve destitué de ce pouvoir sur tel autre fondement qu'on pût imaginer de vouloir définitivement asseoir sa réalisation : et voilà en deux mots ce qui distingue essentiellement le papier-crédit de ce qu'on appelle papier-monnoie dans la circulation générale des peuples.

Le crédit particulier s'est introduit naturellement de lui-même dans les échanges des peuples, et a dû nécessairement s'y introduire avec le temps, quand même chaque peuple auroit été capable de se pourvoir en nature de tous les métaux précieux en monnoies qu'auroit

exigé le développement continuel et régulier de sa prospérité.

Car comme dans les grands échanges
le transport de grandes masses de métaux
précieux en monnoies auroit été à la fois
incommode et dispendieux , sur - tout
lorsque les acheteurs et les vendeurs auroient résidé dans des lieux différents
et distants les uns des autres, il étoit
naturel qu'on cherchât à remédier à ce
double inconvénient ; et c'est dans cette
vue que les commerçants ont inventé le
crédit particulier pour le substituer mo-
mentanément aux métaux précieux en
monnoies.

Mais ce crédit particulier, que les commerçants ont imaginé eux - mêmes , et
qu'ils ont généralement rendu réalisable
à des jours distinctement énoncés , a non
seulement affranchi les grands et distants
échanges du transport onéreux des métaux précieux en monnoies , il a de plus
procuré aux peuples l'avantage important de pouvoir accélérer dans un degré

très considérable la succession de leurs échanges.

Car comme à l'aide de leur crédit les commerçants ont pu continuellement acheter des agriculteurs la subsistance, et des manufacturiers les choses façonnées à des usages avant d'avoir eu le temps de se pourvoir pour cet effet des métaux précieux en monnoies nécessaires, il est clair qu'avec l'intervention de ce crédit les échanges ont pu s'opérer avec plus de célérité que cela n'auroit été possible avec l'immédiate intervention des métaux précieux en monnoies, et cependant s'effectuer aussi exactement qu'ils auroient pu l'être avec ces métaux.

Qu'on suppose, par exemple, qu'avec son crédit particulier A achete des choses de B, et qu'avec ce même crédit B achete ensuite des choses de C, C des choses de D, D des choses de E, et que ce crédit de A se trouve définitivement réalisé en métaux précieux en monnoies dans les mains de E, il est évident que ces quatre échanges se seroient effectués aussi ponctuellement que si cette même somme de métaux précieux en monnoies, réalisée seulement dans les mains de E, avoit successivement passé en nature des mains de A dans celles de B, des mains de B dans celles de C, des mains de C dans celles de D, et des mains de D dans celles de E.

Il est donc manifeste qu'opérer les échanges avec l'intervention du crédit, c'est non seulement faciliter et accélérer la circulation générale des peuples, mais de plus multiplier artificiellement les métaux précieux en monnoies, puisque le crédit devient capable de tenir lieu de tous ceux qu'il représente.

C'est ainsi que dans les quatre échanges de l'exemple qu'on vient de donner les métaux précieux en monnoies se trouvent artificiellement multipliés dans la proportion de un à quatre, par le crédit de A, qui en a fait lui seul les fonctions dans ces échanges.

Mais comme le crédit particulier des commerçants n'a pu être reçu avec confiance que par un nombre limité d'individus, c'est-à-dire par ceux-là seulement qui ont pu en présumer la solidité, il est évident que chez aucun peuple il n'a pu prendre la place des métaux précieux en monnoies dans tous les échanges, ni par conséquent embrasser la circulation générale.

Ce n'est qu'au crédit public bien ordonné et assis sur des bases inébranlables qu'il a dû appartenir d'être reçu avec confiance universellement dans tous les échanges, et de garantir inviolablement à tous les individus des peuples les métaux précieux en monnoies qu'il leur promettroit.

Mais faciliter et accélérer la circulation générale des peuples, et par conséquent leur consommation en nécessités, en commodités, et en agréments de la vie, comme le fait le crédit particulier, n'a pas dû être l'unique fonction qu'a dû avoir à remplir le crédit public; son importance dans l'économie politique des gouvernements a dû être infiniment plus grande.

Car, comme par le crédit les métaux précieux en monnoies ont pu être multipliés artificiellement, et que la circulation artificielle de ces métaux a dû avoir précisément les mêmes effets dans les échanges des peuples que leur circulation naturelle, il est évident qu'à l'aide du crédit public les gouverneurs de la terre ont pu devenir capables de suppléer en métaux précieux indéfiniment à ce qu'ils n'ont pu se promettre des mines.

C'est donc manifestement dans le vrai crédit public que le Créateur leur a tracé le moyen de se revêtir du pouvoir de remplir continuellement la plus essentielle condition de l'économie politique de leurs gouvernements, celle de multiplier dans chaque peuple aux consommateurs indépendants par excellence leurs métaux précieux en monnoies dans une progression continuellement et régulièrement croissante, et de se ménager ainsi imperturbablement la suprême direction de cette éminente classe de consommateurs indépendants.

Et si, avec un moyen si facile de réaliser tout ce qui a dû être grand dans l'homme et magnifique sur la terre, cette planete n'a présenté jusqu'ici, dans son ordre moral comme dans son ordre physique, que le hideux spectacle de tous les désordres possibles, ce n'est uniquement que parceque ceux qui l'ont gouvernée n'ont jamais su ou jamais voulu conformer leurs gouvernements aux sublimes intérêts du Créateur.

Non-seulement ils n'ont jamais cherché à pénétrer en quoi a dû consister le vrai crédit public, mais ils ont osé regarder comme tel un pouvoir totalement opposé, le pouvoir de forcer sur les peuples des emprunts et des dettes par des taxes, et de leur enlever ainsi ce qui a dû être si sacré pour eux dans le dessein général du Créateur, leur bien-être physique.

Voilà à quoi ils ont donné le nom de crédit public dans l'économie politique de leurs gouvernements; et tel a été leur aveugle orgueil, que plus leurs succès dans la pratique de ce pouvoir destructeur ont été grands, et par conséquent plus ils ont pu devenir capables de multiplier sur les peuples les emprunts, les dettes, et les taxes, plus ils ont osé se croire éminents dans l'art de gouverner.

CHAPITRE VIII.

Des banques publiques de circulation.

Pour pouvoir devenir capables de réaliser les opérations destructives de leur crédit public avec plus de facilité qu'ils n'auroient pu l'espérer de leurs seuls moyens, les gouverneurs de la terre ont imaginé de fonder dans le sein de leurs

peuples des banques publiques de circulation, et de les associer à leurs vues
pour obtenir d'elles l'assistance nécessaire; et voici ce que sont ces banques.

Une banque publique de circulation
est une association que forment entre
eux, sous l'autorité du gouvernement,
des individus d'un peuple, dans le dessein apparent de vouloir favoriser sa circulation générale en l'entreprenant avec
leur crédit, mais dans l'immédiate vue
de se ménager par-là une riche source de
profits; et supposer à ces banques des
intentions essentiellement différentes seroit s'en former les plus fausses idées.

Car leur avoir attribué le pouvoir de
revêtir le papier, dans la circulation générale des peuples, de toute la valeur des
métaux précieux en monnoies, c'est aussi
nécessairement leur avoir attribué celui
de s'enrichir par une variété d'opérations
lucratives.

D'abord elles ont pu convertir en leur
crédit, ou, comme on est dans l'usage

de s'exprimer, escompter en leur crédit les crédits des particuliers et ceux de leurs gouvernements, moins facilement circulables que le leur, et tirer l'intérêt de ces escomptes comme s'ils les avoient faits en métaux précieux en monnoies.

Ensuite elles ont pu faire des avances et des prêts à leurs gouvernements, et se procurer encore l'avantage de gagner avec du simple papier précisément le même intérêt que dans le cours ordinaire des choses elles n'auroient pu obtenir qu'avec des métaux précieux en monnoies.

Et ce n'est uniquement que pour avoir prévu ces profits dans les opérations des banques publiques de circulation que des individus se sont associés pour en former ; car faciliter la circulation générale des peuples n'a été qu'une suite, et, comme on le verra bientôt, qu'une misérable suite, et non l'objet principal de leurs vues.

Mais, avant d'examiner de quelle utilité

les banques publiques de circulation ont
pu être aux peuples dans l'économie politique des gouvernements il est important de voir de quelle solidité a pu être
leur papier-crédit.

Dans leurs principes constitutifs les
banques publiques de circulation s'engagent de réaliser à volonté tout le papier-
crédit qu'elles émettent, et donnent par
conséquent à tous ceux qui en sont porteurs le droit d'exiger d'elles à tout instant les métaux précieux en monnoies
qu'il représente.

Mais il est universellement connu que
cette promesse des banques publiques
de circulation de réaliser à volonté tout
leur papier-crédit est illusoire et fausse,
puisqu'il est certain qu'en s'engageant de
réaliser ainsi leur papier-crédit elles sup-
posent comme condition absolue qu'il
ne leur arrivera jamais d'en avoir à réaliser à la fois de trop grandes proportions.

Car c'est là ce qu'elles entendent taci-
tement en contractant l'engagement de

réaliser à volonté tout leur papier-crédit ;
et comme, dans les circonstances ordinaires, l'expérience leur donne des notions
assez probables de celui dont on peut
habituellement leur demander la réalisation, elles ne gardent jamais en dépôt
beaucoup plus de métaux précieux en
monnoies qu'il n'en faut pour répondre
à cette proportion ; et c'est de cette infi-
délité qu'émanent tous leurs profits.

Il est donc de toute évidence que le
pouvoir des banques publiques de circulation de réaliser leur papier-crédit de
la maniere qu'elles s'engagent si formellement de le faire est un pouvoir purement contingent, puisqu'il dépend entièrement de circonstances accidentelles,
c'est-à-dire de la proportion dans laquelle
ceux qui en seroient porteurs en demanderoient à la fois la réalisation.

Ainsi c'est avec la plus coupable témé-
rité, et dans la plus profonde ignorance
des vrais moyens sur lesquels le Créateur
a fondé l'économie politique de la terre,

qu'on a osé confier à ces banques le plus important de tous les intérêts des peuples, leur circulation générale ; et c'est une nouvelle preuve que dans l'universalité de leurs déterminations les gouverneurs de l'espece humaine n'ont jamais cherché à adapter l'économie politique de leurs gouvernements qu'à leurs propres vues, ni à la ménager autrement que par des moyens de leur propre choix.

Car quand on n'auroit même jamais eu aucun exemple de banques publiques de circulation que des circonstances et des évènements extraordinaires auroient réduites à la nécessité de violer la foi de leurs engagements, la simple possibilité d'un malheur aussi effrayant auroit dû suffire pour exclure ces banques à jamais de toute part à la circulation générale des peuples.

Mais, s'il n'est au contraire que trop vrai que depuis la premiere introduction des banques publiques de circulation dans l'économie politique des peuples jusqu'à ce moment on n'en a connu aucune qui tôt ou tard n'ait dû, soit à l'inévitable fatalité des évènements, soit à ses malheureuses relations avec son gouvernement, ou sa ruine totale ou du moins l'interruption forcée de toute réalisation de son papier-crédit, combien plus coupables ont été les gouverneurs de la terre d'avoir osé introduire dans l'économie politique de leurs gouvernements des machines aussi variables et aussi dangereuses !

On a été assez inconsidéré pour avoir vu des gages suffisants de la solidité du papier-crédit des banques publiques de circulation, soit dans leurs créances sur leurs gouvernements, soit dans des effets escomptés, soit dans d'autres propriétés encore, sans réfléchir que ce n'étoit pas de la solidité définitive du papier-crédit de ces banques, mais de l'inviolable stabilité de ses fonctions dans les échanges que dépendoit le salut de tout peuple qui leur auroit confié sa circulation générale.

Une banque publique de circulation peut bien, en réalisant en métaux précieux en monnoies ses propriétés de toute nature, devenir capable de satisfaire avec le temps les porteurs du papier-crédit qu'il n'auroit pas été en son pouvoir de réaliser autrement; mais elle n'en auroit pas moins amené sur le peuple qui se seroit reposé sur elle pour ses échanges la plus grande de toutes les calamités, l'interruption de sa circulation générale, par la suppression de la chose avec l'intervention de laquelle il auroit été dans l'habitude de l'opérer.

Mais ce n'est pas encore là tout ce qu'ont de faux dans leur institution les banques publiques de circulation ; car, quand on supposeroit même que la solidité du papier-crédit de ces banques eût été telle que jamais aucun revers n'eût été capable de l'ébranler, elles n'en auroient pas moins été des moyens impuissants et chimériques dans l'économie politique des vrais gouvernements, puis-

qu'on va voir que nul peuple n'auroit pu
attendre d'elles une assistance réelle dans
le développement progressif de sa vraie
prospérité.

La consommation générale d'un peuple
en nécessités, en commodités, et en agréments de la vie, et sa prospérité sont si
intimement unies ensemble, que la première est non seulement la mesure, mais
la mesure si précise de la seconde, qu'il
ne peut jamais régner entre elles la moindre inégalité; car c'est dans la jouissance
des nécessités, des commodités, et des
agréments de la vie que consiste le bien-
être physique d'un peuple, et c'est dans
son bien-être physique que consiste sa
prospérité.

Il est donc de toute certitude que nul
peuple ne peut augmenter sa prospérité
autrement qu'en augmentant sa consommation générale, ni par conséquent
être dans le cours d'une vraie prospérité
qu'autant qu'il augmente sa consommation générale dans une progression conti-

nuellement et régulièrement croissante.

Et de là il est de toute évidence que pour qu'un peuple pût devoir l'augmentation de sa prospérité à une banque publique de circulation, il faudroit de toute nécessité qu'il pût lui devoir l'augmentation de sa consommation générale, puisque l'un est la même chose que l'autre.

Or, pour qu'une banque publique de circulation pût devenir capable d'augmenter la consommation générale d'un peuple, il faudroit nécessairement que ceux qui l'administreroient vouassent à leur consommation en nécessités, en commodités, et en agréments de la vie le papier-crédit qu'ils émettroient, puisque ce ne seroit qu'à cette seule condition qu'ils lui augmenteroient sa consommation générale.

Mais c'est ce qu'ils ne font chez aucun peuple; car ils n'émettent leur papier-crédit que dans l'unique vue d'en tirer des profits, et ne sont par conséquent chez chaque peuple, comme les commer-

çants, que des consommateurs indépendants ordinaires, et non des consommateurs indépendants par excellence.

Et comme ce n'est que par la consommation des consommateurs indépendants
par excellence, et non par celle des consommateurs indépendants ordinaires que,
dans le vrai mécanisme de l'économie politique des gouvernements, les peuples
ont pu recevoir des accroissements dans
leur consommation générale, il est de
toute évidence que nul peuple n'a pu se
promettre du papier-crédit d'une banque
publique de circulation des progrès dans
sa prospérité.

Le seul service qu'il puisse être au pouvoir d'une banque publique de circulation de rendre à un peuple c'est de lui
faciliter le premier développement de sa
prospérité par la première multiplication
artificielle de ses métaux précieux en
monnoies, puisqu'elle porteroit indubitablement ses premières émissions au-
delà de ce qu'elle seroit capable de réali-

ser à la fois à volonté, et par conséquent au-delà des métaux précieux en monnoies qu'elle retrancheroit de la circulation générale pour servir de gages à ses émissions.

Et c'est la raison pourquoi des peuples, qu'on a vu long-temps languir dans le développement de leur prospérité, ont pu commencer à y faire quelques avances sitôt que des banques publiques de circulation se sont établies dans leur sein.

Mais pour qu'une banque publique de circulation eût pu progressivement continuer à avoir part comme dans les commencements au développement de la prospérité d'un peuple, il auroit nécessairement fallu qu'elle eût pu progressivement continuer à devancer ce développement par les émissions de son papier-crédit.

Or c'est ce que nulle banque publique de circulation ne pourroit long-temps faire; car l'expérience a prouvé que le papier-crédit qu'une banque publique de circulation se permettroit d'émettre, dans un peuple au-delà des besoins de sa prospérité actuelle, ou, ce qui est la même chose, au-delà de ce que sa circulation générale pourroit en absorber dans le moment, reviendroit bien vîte sur elle, comme un rebut, pour sa réalisation.

Car pour que cela ne fût pas ainsi il faudroit nécessairement que les banques publiques de circulation vouassent le papier-crédit qu'elles émettroient au-delà des besoins de la circulation générale des peuples à leurs consommation en nécessités, en commodités, et en agréments de la vie, et devinssent par conséquent sur cet excédent de papier-crédit des consommateurs indépendants par excellence.

Il est donc manifeste que dans nul peuple les banques publiques de circulation ne peuvent multiplier les émissions de leur papier-crédit au-delà des besoins de sa circulation générale actuelle, ni par conséquent avoir une part réelle au développement progressif de sa prospérité,

et que les plus essentiels intérêts de ces
banques leur imposent la loi absolue de
ne jamais devancer, mais uniquement de
suivre dans les émissions de leur papier-
crédit les progrès dans la prospérité des
peuples.

Comment a-t-on donc pu imaginer qu'il
seroit au pouvoir des banques publiques
de circulation de contribuer, comme
causes efficientes réelles, aux progrès
dans la prospérité des peuples, lorsqu'il
est de toute certitude que chacune de ces
banques a dû nécessairement supposer
que le peuple dans le sein duquel elle
existeroit développeroit continuellement
sa prospérité sans elle, et par des moyens
entièrement indépendants de toute émission de son papier-crédit?

C'est généralement chez les peuples
qui ont fondé le développement de leur
prospérité sur le commerce extérieur que
les banques publiques de circulation se
sont établies; et c'est par conséquent
aussi à la prospérité qui auroit résulté

de ce commerce dans chaque peuple que ces banques ont dû nécessairement subordonner les émissions de leur papier-crédit.

Ainsi marcher servilement sur les pas du commerce extérieur et le suivre dans toutes ses vicissitudes, c'est-à-dire avancer, s'arrêter, ou décliner dans la multiplication de leur papier-crédit suivant que ce faux moyen de prospérité avanceroit, s'arrêteroit, ou déclineroit dans ses progrès ; voilà l'invariable règle à laquelle les banques publiques de circulation ont dû nécessairement ajuster toutes leurs émissions.

Avoir pu introduire des banques publiques de circulation dans l'économie politique des gouvernements et s'être promis de ces banques des progrès réels dans le développement de la prospérité des peuples, c'est donc avoir aussi complètement ignoré en quoi a dû consister la vraie prospérité de l'espece humaine, et par quels moyens elle a dû être opé-

rée, que d'avoir pu imaginer de faire
prospérer les peuples par le commerce
extérieur : mais tel a été le malheureux
sort de la terre, qu'universellement sur
toute cette planète on n'a su fonder jusqu'ici les gouvernements que sur des expédients faux, impuissants, et inévitablement funestes dans leurs conséquences.

Les banques publiques de circulation
ne sont-elles donc d'aucune utilité dans
l'économie politique des gouvernements;
et n'est-ce pas servir les peuples que de
les rendre capables d'opérer leur circulation générale avec plus de facilité qu'ils
n'auroient pu le faire avec la seule intervention des métaux précieux en monnoies? On va voir combien ce service
mérite peu l'importance qu'on y a si
aveuglément attachée.

S'il est certain que dans tout peuple
bien organisé pour sa vraie destination
la circulation générale doit être regardée comme la vraie mesure de la consommation générale, il est évident que faci-

liter la circulation générale d'un peuple sans l'augmenter, c'est aussi ne point augmenter sa consommation générale, ni par conséquent sa prospérité.

Et de là il est de toute évidence que faciliter et augmenter la circulation générale des peuples ont dû continuellement être inséparables l'un de l'autre, et s'effectuer ensemble au même degré, puisque ce n'est que de cette unique maniere qu'un peuple a pu devenir capable de prospérer à la fois et réellement et facilement.

Or la parfaite réunion de ces deux conditions absolues, dans le vrai mécanisme de l'économie politique de l'espece humaine, n'a pu émaner dans chaque peuple que de la consommation bien ordonnée de ses consommateurs indépendants par excellence.

Car il est évident que cette classe de consommateurs indépendants, en vouant continuellement le papier-crédit, qu'elle a dû pouvoir multiplier indéfiniment dans ses mains, à l'augmentation de sa consommation en nécessités, en commodités, et en agréments de la vie, a dû nécessairement augmenter dans chaque peuple la circulation générale, et qu'en laissant dans la circulation générale le papier-crédit qu'elle auroit voué à sa consommation, elle a dû aussi nécessairement la faciliter au même degré qu'elle l'auroit augmentée.

Mais que font les banques publiques de circulation avec leur papier-crédit? rien de plus que de faciliter seulement la circulation générale des peuples, sans jamais l'augmenter, puisque dans aucun peuple elles ne vouent leurs émissions à l'augmentation de la consommation générale.

Et encore comment ces banques facilitent-elles aux peuples leur circulation générale? comme cela convient à leurs intérêts, auxquels seuls elles subordonnent d'une manière absolue toutes leurs opérations, et non inviolablement au

DE L'ESPÈCE HUMAINE. 181

même degré que chaque peuple se trouveroit avoir augmenté sa consommation
générale, et par conséquent sa prospérité.

Car l'intérêt, en leur imposant une
circonspection continuelle dans toutes
leurs mesures, peut dans nombre de circonstances les forcer, comme l'expérience ne l'a que trop souvent fait voir,
de rester dans leurs émissions bien au-
dessous des besoins de la circulation générale.

Mais quand il auroit même été de leur
intérêt de conformer continuellement les
émissions de leur papier-crédit aux besoins de la circulation générale des peuples, il auroit été impossible qu'avec des
moyens aussi bornés que le sont ceux
qu'il est au pouvoir de ces banques de
commander, elles eussent pu devenir capables de répondre aux immenses progrès que chaque peuple a dû graduellement pouvoir faire dans sa circulation
générale, et par conséquent dans le développement de sa vraie prospérité.

Sous tel point de vue qu'on puisse
donc envisager les banques publiques de
circulation, on ne voit en elles, dans l'é-
conomie politique des vrais gouvernements, que des institutions insignifiantes, dangereuses, et complices des calamités publiques.

Elles sont insignifiantes en ce que nul
peuple n'a pu se promettre d'elles des secours réels dans le développement de sa
vraie prospérité ; elles sont dangereuses
en ce qu'un crédit aussi faux dans ses
promesses que l'est celui de ces banques,
a dû continuellement laisser les peuples
exposés aux plus effrayants désordres
dans leur circulation générale ; et elles
se rendent complices des calamités publiques en ce qu'elles facilitent, par leur
assistance, les emprunts et les dettes des
gouvernements.

C'est à sa banque publique de circulation qu'une nation, si prévenue en faveur de sa fausse prospérité, a dû son
énorme dette, puisque, sans l'assistance
de cette banque, ceux qui ont conduit

l'économie politique de cette nation n'auroient jamais pu devenir capables de réaliser tant d'emprunts ruineux, ni par conséquent tant d'entreprises destructives de toute vraie prospérité.

CHAPITRE IX.

Du vrai crédit public des gouvernements.

Si dans cet ouvrage on ne s'étoit attaché qu'à développer les vrais gouvernements de la terre dans leurs conditions absolues, sans mettre en même temps dans tout leur jour les faux moyens sur lesquels cette planete a été gouvernée jusqu'ici, les préjugés aveugles et invétérés en faveur de ces funestes moyens auroient pu encore prévaloir sur les vérités éternelles qu'on a si démonstrativement inférées de l'ordre immuable des choses.

Mais qui pourroit désormais ne pas être frappé de conviction que les gouvernements de la terre n'ont été, dans tous les temps et universellement sur toute cette planète, que des gouvernements faux, malgré les innombrables formes sous le régime desquelles tant de législateurs ont cru les avoir purifiés de leurs vices?

Car la grande cause à laquelle on doit attribuer que les faux gouvernements aient subsisté sur la terre jusqu'à ce jour, c'est pareequ'on n'a jamais su approfondir les vrais gouvernements dans leurs conditions intrinsèques, et qu'on n'a perpétuellement cherché leur perfection que dans des formes purement extérieures.

Les gouvernements de l'espèce humaine ne doivent point être appréciés par leurs formes, parceque leurs formes n'entrent pour rien dans les conditions qui les caractérisent essentiellement comme vrais ou faux, et qu'ils peuvent par conséquent être vrais ou faux sous toutes les formes qu'il est possible d'imaginer.

Car s'il est de toute certitude que l'objet final qu'ont dû avoir à remplir tous les gouvernements de la terre dans le dessein général du Créateur, c'est de faire prospérer l'espece humaine, il est de toute évidence que ce n'est que par la nature de la prospérité dont ils feroient jouir les peuples, et non par leurs formes qu'ils ont pu être vrais ou faux.

Or, comme ils ont pu faire prospérer l'espece humaine de deux manieres totalement opposées, ou d'une vraie ou d'une fausse prospérité, il est manifeste qu'ils ne sont des gouvernements vrais que lorsqu'ils font prospérer les peuples d'une prospérité continuellement et régulièrement croissante; et qu'ils sont des gouvernements faux lorsqu'ils ne font prospérer les peuples que d'une prospérité nécessairement sujette à décliner dans ses progrès, quelles que pussent être leurs formes.

Ainsi un gouvernement faux, qui chercheroit à perfectionner sa constitution par des formes nouvelles, pourroit successivement s'en appliquer tant qu'il voudroit; il n'en continueroit pas moins à rester sous toutes un gouvernement faux, si sous aucune le peuple soumis à son autorité ne prospéroit d'une vraie prospérité.

Et de là on voit combien ont été insensés et chimériques les efforts des législateurs qui n'ont cherché à fonder la perfection des gouvernements que sur des formes, puisque depuis les siècles les plus reculés jusqu'à ce jour les annales des peuples n'ont que trop prouvé qu'il n'a jamais existé sur la terre un seul législateur des mains duquel soit sorti un gouvernement vrai.

On ose donc se persuader que les gouverneurs de la terre sauront à présent ce qui distingue essentiellement un gouvernement vrai d'un gouvernement faux, et que cette distinction fera sur eux assez d'impression pour les déterminer à prendre la sainte résolution d'abjurer leurs faux gouvernements, et de bénir enfin leurs peuples de gouvernements vrais.

C'est dans cette espérance qu'on va leur

développer ultérieurement les moyens
par lesquels ils ont pu devenir capables
d'effectuer cette heureuse révolution sur
la terre, et leur faire voir en même temps
comment ils ont dû appliquer ces moyens
à l'économie politique de leurs gouvernements, pour assurer à l'espece humaine
l'imperturbable jouissance d'une vraie
prospérité.

S'il est certain que ni l'homme ni la
terre n'ont dû pouvoir se développer,
dans les vues du Créateur, que sous des
gouvernements dans lesquels des consommateurs indépendants par excellence
multiplieroient continuellement leur
consommation en nécessités, en commodités, et en agréments de la vie dans
une progression régulièrement croissante, il est essentiel de savoir avant toutes
choses qui ont dû être dans chaque peuple les consommateurs indépendants par
excellence ; et il ne sera pas difficile de
résoudre cette question.

La vraie organisation des peuples,

c'est-à-dire celle sous laquelle seule l'espèce humaine a dû pouvoir devenir capable de remplir sa vraie destination sur
la terre, n'a dû essentiellement embrasser que quatre classes d'hommes, des
agriculteurs, des manufacturiers, des
consommateurs indépendants, et des
gouverneurs.

C'est donc manifestement une de ces
quatre classes d'hommes qui a dû prendre sur elle les fonctions de consommateurs indépendants par excellence, puisque c'est dans le sein même de chaque
peuple que cette classe de consommateurs indépendants a dû nécessairement
exister; et l'on va voir à laquelle cette
suprême prérogative a dû être exclusivement attribuée.

On a prouvé que, dans le vrai mécanisme de l'économie politique des gouvernements, les agriculteurs, les manufacturiers, et les consommateurs indépendants ont dû nécessairement dépendre
pour la multiplication de leurs métaux

précieux en monnoies , et par conséquent de leur consommation en nécessités , en commodités , et en agréments de la vie , de la multiplication préalable de la consommation générale.

Or comme dans tout peuple gouverné dans les vues du Créateur, les consommateurs indépendants par excellence ont dû continuellement pouvoir multiplier leurs métaux précieux en monnoies librement et dans la plus parfaite indépendance , il est évident que ni les agriculteurs , ni les manufacturiers , ni les consommateurs indépendants, n'ont pu remplir dans aucun peuple les fonctions de consommateurs indépendants par excellence.

Et quand il auroit même été au pouvoir des consommateurs indépendants d'un peuple de multiplier par des moyens quelconques leurs métaux précieux en monnoies, aussi librement qu'ont dû être capables de multiplier les leurs les consommateurs indépendants par excellence, il auroit été impossible qu'ils eussent pu , ni d'un commun accord , ni sous la direction de leurs gouverneurs , les appliquer à leur consommation autrement que d'une maniere irréguliere , et par conséquent destructive de toute vraie prospérité.

Il est donc indubitable que, dans le dessein général du Créateur, ce sont les gouverneurs de la terre qui ont dû être dans chaque peuple les consommateurs indépendants par excellence ; et c'est à leur tracer les moyens par lesquels ils ont pu devenir capables de répondre dignement à cette glorieuse destination , qu'on va consacrer la suite de ce chapitre.

Les gouverneurs de chaque peuple ont dû naturellement être ses plus grands consommateurs , tant pour leurs besoins particuliers que pour une infinité de besoins publics , auxquels il a dû être de leurs devoirs de pourvoir avec plus d'empressement encore qu'à leurs propres besoins.

Car c'est à eux qu'il a dû appartenir ,

non seulement de maintenir les agents nécessaires dans toutes les branches du gouvernement et de l'économie politique, mais encore de fonder généralement tous les établissements, soit de nécessité, soit de commodité, soit de pure magnificence, que la tranquillité, la sécurité, et la prospérité des peuples leur demanderoient.

Ce sont donc aussi eux qui indirectement ont dû être considérés comme les consommateurs de toute la subsistance et de toutes les choses façonnées à des usages qu'embrasseroient ensemble directement dans leur consommation tous les individus de leurs peuples, avec l'intervention et le concours desquels ils pourvoiroient continuellement à tant de besoins publics.

On voit donc qu'ils se sont trouvé parfaitement qualifiés à prendre sur eux les fonctions de consommateurs indépendants par excellence, puisque leur consommation a dû être sans bornes, et par conséquent telle que chaque peuple a dû nécessairement se la promettre de ses consommateurs indépendants par excellence dans le développement continuel de sa vraie prospérité.

Mais comme cette immense consommation des gouverneurs des peuples a dû continuellement s'effectuer avec l'intervention des métaux précieux en monnoies, et que ce n'est qu'à l'aide du crédit public qu'ils ont pu suppléer à cet égard au défaut des mines, il est infiniment important d'examiner d'abord de quelle nature a dû être le crédit public dont ils ont dû nécessairement avoir le commandement, et ensuite de quelle maniere ils ont dû l'appliquer à l'économie politique de leurs gouvernements, pour pouvoir devenir capables de multiplier continuellement leur consommation directe et indirecte dans une progression régulièrement croissante.

Les deux grandes fonctions que le crédit public a dû nécessairement avoir à

remplir à la fois dans l'économie politique des vrais gouvernements, c'est d'une
part de représenter, et de l'autre de multiplier artificiellement les métaux précieux en monnoies dans la circulation
générale des peuples ; car sans ce double
pouvoir il auroit été de toute impossibilité qu'il eût pu rendre les gouverneurs
de l'espece humaine capables de la faire
prospérer d'une vraie prospérité.

Et de là résulte immédiatement une
vérité importante, et malheureusement
aussi ignorée jusqu'ici dans l'économie
politique des gouvernements que l'ont
été toutes les autres. Cette vérité est que
le vrai crédit public n'a dû jamais être
réalisable à volonté, puisqu'une telle
réalisation l'auroit nécessairement dé-
pouillé de son plus essentiel pouvoir, du
pouvoir de multiplier artificiellement les
métaux précieux en monnoies, et ne lui
auroit laissé pour toute fonction que de
simplement représenter ces métaux dans
les échanges.

Le crédit public a pu être rendu réalisable à volonté de deux manieres différentes, ou de bonne ou de mauvaise foi. Dans le premier cas on auroit continuellement gardé en dépôt autant de métaux précieux en monnoies qu'en auroient représenté les émissions du crédit public; dans le second on se seroit contenté de garder en dépôt une partie seulement des métaux précieux en monnoies qu'auroit embrassés dans ses émissions le crédit public.

Dans le second cas, le crédit public auroit donc manifestement été un crédit imposteur et sujet aux plus funestes conséquences, puisqu'il auroit été de toute impossibilité que ceux qui l'auroient rendu réalisable à volonté de cette maniere eussent pu avoir la certitude de n'avoir jamais plus d'émissions à réaliser qu'ils n'auroient de métaux précieux en monnoies déposés pour y répondre. Un tel crédit public ne pourroit donc exister que dans des gouvernemens faux,

qui, dans l'universalité de leurs déterminations, ne sont et ne peuvent être fondés que sur des mesures et des expédients
hasardés.

Quant à la premiere maniere de rendre le crédit public réalisable à volonté,
comme elle obligeroit de retrancher continuellement de la circulation générale
précisément autant de métaux précieux
en monnoies qu'on y émettroit de papier-
crédit, il est évident que dans ce cas le
crédit public n'augmenteroit jamais aux
peuples artificiellement la masse de leurs
métaux précieux en monnoies, et ne feroit rien de plus pour eux que de simplement représenter ces métaux dans
leurs échanges.

Or, comme il est de toute certitude
que nul peuple ne pourroit devenir capable d'augmenter sa consommation générale, ni par conséquent sa prospérité,
s'il n'augmentoit pas, soit naturellement,
soit artificiellement, la masse de ses métaux précieux en monnoies, il est de
toute évidence que dans nul gouverne-

ment vrai le crédit public n'a dû être réalisable à volonté, puisque par un tel crédit il auroit été de toute impossibilité de développer à l'espece humaine sa prospérité dans une progression continuellement et régulièrement croissante, ni par conséquent de gouverner la terre dans les vues du Créateur.

Il est donc indubitable que le vrai crédit public n'a jamais dû être réalisable autrement qu'à des intervalles successivement déterminés, puisque ce n'est que de cette seule maniere qu'il a pu ne jamais exiger en dépôt autant de métaux precieux en monnoies qu'il en représenteroit, et par conséquent acquérir le pouvoir de multiplier ces métaux artificiellement dans la circulation générale des peuples; et ce n'est que pour n'avoir jamais eu de ce moyen fondamental dans le développement de la vraie prospérité de l'espece humaine que les plus imparfaites idées, qu'on a pu imaginer de l'assujétir à des realisations à volonté.

Dans cette vraie maniere de réaliser le

crédit public, sa puissance à multiplier
artificiellement les métaux précieux en
monnoies seroit donc dans tous les cas
en raison directe des intervalles dans lesquels il seroit graduellement rendu réalisable, puisque plus ces intervalles seroient longs, moins il exigeroit à la fois
de métaux précieux en monnoies pour
répondre à ses réalisations, et par conséquent plus sa puissance à multiplier ces
métaux artificiellement seroit grande.

Car il est clair qu'une émission quelconque de papier-crédit, qui ne seroit
graduellement réalisable que dans l'intervalle de deux ans, à raison d'un vingt-
quatrieme par mois, n'exigeroit chaque
fois en dépôt que la moitié des métaux
précieux en monnoies qu'il faudroit nécessairement déposer si sa réalisation devoit s'effectuer dans l'intervalle d'un an,
à raison d'un douzieme par mois, et que
dans le premier cas la puissance du crédit public à multiplier artificiellement
les métaux précieux en monnoies seroit

double de celle qu'il auroit dans le second cas.

Mais les gouverneurs de la terre ont-
ils donc dû être libres d'assigner au crédit public telle puissance, et par conséquent à ses réalisations graduelles
tels intervalles qu'ils jugeroient à propos? Indubitablement lorsqu'ils confor-
meroient leurs gouvernements sous tous
les rapports au dessein général du Créateur, puisque ce n'est que sous de tels
gouvernements que la plus inviolable
stabilité a pu régner dans toutes les déterminations.

Ce n'est que sous des gouvernements
opposés dans leurs vues à celles du Créateur, comme l'ont si malheureusement
été jusqu'ici tous les gouvernements de
la terre, que rien n'a dû pouvoir être
stable ni dans les mesures, ni dans les
promesses publiques.

Car comment auroit-il été possible que
les engagements publics eussent pu être
sacrés sous des gouvernements comman-

dés d'une maniere absolue par les circonstances, et dans lesquels par conséquent il a dû être impossible, par l'inévitable fatalité des événements, d'établir aucun ordre de choses d'une fidélité permanente dans ses conditions?

Et voilà l'unique raison pourquoi le crédit des banques publiques de circulation n'a jamais pu inspirer qu'une confiance imparfaite, et pourquoi les peuples n'ont jamais voulu l'admettre dans leur circulation générale autrement réalisable qu'à volonté, quoique tant de faux instructeurs dans l'économie politique des gouvernements aient regardé cette maniere de réaliser le crédit public comme essentiellement inhérente à sa nature.

La nature du vrai crédit public ne prescrit proprement aucun intervalle fixe à ses réalisations graduelles; cette détermination a dû naturellement dépendre du plus ou moins de métaux précieux en monnoies que les gouverneurs des peuples seroient capables de commander;

car plus ils en auroient habituellement à leur disposition, moins il seroit nécessaire pour eux d'assujétir les réalisations du crédit public à de longs intervalles.

Ainsi l'intervalle qu'on va adopter pour les réalisations du crédit public doit être considéré comme choisi arbitrairement et par conséquent sans nécessité, mais comme pouvant cependant convenir à la plupart des gouvernements par les dépôts modérés en métaux précieux en monnoies qu'il exigeroit graduellement.

L'intervalle qu'on propose seroit de vingt-cinq ans, c'est-à-dire chaque émission de papier-crédit seroit graduellement réalisable dans l'intervalle de vingt-cinq ans à raison d'un vingt-cinquieme chaque année; et dans cette supposition le crédit public auroit la puissance de multiplier artificiellement les métaux précieux en monnoies dans la proportion de un à vingt-cinq.

Chaque émission totale de papier-crédit pourroit être distribuée en autant d'émissions partielles qu'il seroit jugé nécessaire jusqu'à la plus basse de toutes, qu'on auroit soin de fixer dans chaque peuple de maniere à laisser continuellement en nature une proportion convenable de métaux précieux en monnoies dans la circulation générale.

Et quoique de toutes les émissions partielles dans lesquelles se trouveroit distribuée une émission totale de papier-crédit il n'y en auroit chaque année qu'un vingt-cinquieme de réalisé, aucune n'exprimeroit sur elle une époque pour sa réalisation, c'est-à-dire aucune n'auroit marqué sur elle qu'elle seroit réalisable la premiere, la seconde, la troisieme, la dixieme, la vingtieme, ou la vingt-cinquieme année, mais toutes se présenteroient dans la circulation générale comme indistinctement réalisables au choix des porteurs, et par conséquent précisément sous la même forme extérieure.

On attribueroit à toutes les émissions du crédit public un intérêt annuel d'un

pour cent jusqu'au moment de leurs réalisations, afin de leur assurer continuellement dans la circulation générale une
valeur supérieure à celle des métaux précieux en monnoies; et pour rendre la
supputation de cet intérêt facile, chaque
émission seroit timbrée en chiffres de
celui qu'elle porteroit par jour.

Car, comme le crédit public a dû devenir le principe actif de l'économie politique des gouvernements, il étoit essentiel de lui attribuer un intérêt, afin de
présenter aux peuples un motif puissant
pour lui donner dans leurs échanges la
préférence sur les métaux précieux en
monnoies.

Les dépôts annuels en métaux précieux
en monnoies qu'exigeroit graduellement
pour ses réalisations chaque émission de
papier-crédit, seroient donc précisément
cinq pour cent de son capital, savoir quatre pour cent pour ses réalisations annuelles pendant vingt-cinq ans, et un
pour cent pour l'intérêt qu'elle porteroit;

et ces dépôts annuels seroient ponctuellement exécutés, non pas à la fin, mais au commencement de chacune des vingt-cinq années, et par conséquent toujours une année entiere d'avance.

Pour la parfaite intelligence de la maniere dont les gouverneurs de la terre auroient à faire usage du crédit public pour multiplier progressivement dans leurs mains les métaux précieux en monnoies, et par conséquent leur consommation directe et indirecte en nécessités, en commodités, et en agréments de la vie, ou, comme on s'exprimera dorénavant, leurs dépenses générales, on va leur en présenter un exemple.

On suppose donc que les gouverneurs d'un peuple seroient nécessairement obligés, pour le maintenir dans les progrès de sa prospérité, et par conséquent l'empêcher de s'arrêter dans ceux de son agriculture, de ses manufactures, et de sa population, d'augmenter sa consommation générale de vingt millions de livres, et d'augmenter pour cet effet de la même somme leurs dépenses générales : voici comment le crédit public les rendroit capables de commander cette somme sur-le-champ.

Ils créeroient immédiatement dans leurs mains pour vingt millions de papier-crédit, réparti en autant de sommes partielles qu'il seroit jugé convenable, et en apparence toutes indistinctement réalisables à présentation, quoique dans la réalité elles ne dussent l'être que successivement en vingt-cinq ans de temps.

A tout le papier crédit qu'embrasseroit l'émission totale des vingt millions ils donneroient une même date, et le jour de cette date seroit celui où ils déposeroient un million en métaux précieux en monnoies, savoir huit cents mille livres pour servir de gages aux réalisations de la première année, et deux cents mille livres pour l'intérêt de un pour cent des vingt millions.

Ils continueroient ces dépôts tous les

ans précisément aux mêmes époques, jusqu'à la vingt-cinquieme et derniere année, avec la seule déduction de l'intérêt qui se trouveroit éteint par le papier-crédit qui seroit annuellement réalisé, et qu'on auroit soin de brûler en public à la fin de chaque année.

Et immédiatement après avoir observé ces formes et déposé le premier million destiné aux réalisations de la premiere année, ils voueroient les vingt millions de papier-crédit à leurs dépenses générales en tout genre d'établissements publics, comme aussi en toute espece de magnificence dans leurs hautes stations, avec la seule précaution de ne les livrer à la circulation générale que d'une maniere réguliere, c'est-à-dire à ne jamais causer nulle part ni des hausses ni des baisses dans le prix des choses.

Ils répéteroient ensuite ce moyen facile de maintenir les peuples imperturbablement dans le cours d'une vraie prospérité toutes les fois qu'en leur qualité de consommateurs indépendants par excellence ils jugeroient nécessaire d'augmenter la consommation générale, et par conséquent la leur, par l'augmentation de leurs dépenses, afin de vivifier ainsi continuellement dans chaque peuple le travail et l'industrie, et de multiplier progressivement le bien-être physique de toute sa population.

Voilà comment le vrai crédit public rendroit les gouverneurs de la terre capables de multiplier continuellement eux-mêmes dans leurs mains les métaux précieux en monnoies, et de remplir ainsi dans la plus parfaite indépendance de toutes balances de commerce, de toutes banques de circulation, et de toutes taxes destructives, l'unique fonction que le Créateur leur a assignée dans le gouvernement de l'espece humaine, celle de multiplier leurs dépenses générales, et par conséquent la consommation générale des peuples, dans une progression continuellement et régulièrement croissante.

Car c'est en cela seul qu'a dû consister

le système entier de toutes les mesures
de leurs gouvernements, puisque rien
de plus n'a dû être nécessaire pour les
rendre capables de développer graduellement l'homme et la terre sous tous leurs
pouvoirs, et que ce n'est uniquement que
pour l'accomplissement de cette sublime
fin que le Créateur a eu besoin que l'espece humaine eût des gouverneurs.

Dans le système du vrai crédit public
les gouverneurs de la terre se procureroient donc tous leurs métaux précieux
en monnoies d'une maniere infiniment
plus économique qu'il n'a été en leur
pouvoir de le faire jusqu'ici, et n'aliéne-
roient jamais à perpétuité aucune partie
de leur revenu, comme ils l'ont, si malheureusement pour leurs peuples, pratiqué jusqu'à ce jour, puisqu'à l'expiration
des vingt-cinq ans ils rentreroient continuellement en pleine possession de celui
qu'ils auroient approprié à chaque émission livrée à la circulation générale, et
pourroient par conséquent dès cet in-

stant l'affecter à de nouvelles émissions.

Ils ne seroient pas même réduits à la nécessité d'attendre l'expiration des vingt-cinq ans pour rentrer en possession du revenu qu'ils auroient affecté à chaque émission du crédit public, car ils y rentreroient graduellement tous les ans, et dès la premiere année, par les extinctions d'intérêts qui résulteroient des émissions annuellement réalisées.

Mais indépendamment des émissions du crédit public, aux réalisations desquelles les gouverneurs de la terre consacreroient eux-mêmes les gages, ils pourroient aussi en asseoir sur les gages que les individus industrieux de leurs peuples seroient en état de leur assigner avec certitude.

Des entrepreneurs de manufactures et des fermiers, par exemple, qui auroient besoin de capitaux pour s'en servir utilement dans l'amélioration des différentes branches de leur travail, pourroient les recevoir immédiatement en émissions du

vrai crédit public, à la seule condition
d'assurer aux gouvernements d'une maniere solide cinq pour cent du montant
de ces capitaux pendant vingt-cinq ans,
et de déposer ces gages ponctuellement
au commencement de chacune des vingt-
cinq années.

Dans cette vue, il seroit établi un co-
mité permanent chargé de recevoir de
pareilles demandes, d'en examiner toutes les circonstances, et de n'allouer les
secours qu'après s'être assuré de l'emploi
utile qui en seroit fait, ainsi que de la
parfaite sûreté des dépôts annuels qu'exigeroient leurs remboursements.

Et c'est ainsi que les gouverneurs de
la terre contribueroient aux progrès de
la prospérité des peuples, non seulement directement, mais encore indirectement, en donnant dans chaque peuple
aux hommes industrieux des secours qui,
par leur importance et leur économie,
seroient infiniment au-dessus de ceux
qu'ils auroient pu se promettre de sim-

ples individus ou de banques publiques de circulation.

On sent parfaitement que dans l'état actuel de la plupart des gouvernements de l'Europe, dans la complication de leurs circonstances artificielles, et au milieu des désordres sans nombre qui ont résulté des faux expédients sur lesquels ils ont conduit jusqu'à ce jour l'économie politique des peuples, il seroit impossible d'opérer à la fois leur conversion en gouvernements vrais; mais il n'en est aucun qui dès ce moment ne pût entreprendre d'effectuer cette heureuse conversion graduellement.

Presque tous les gouvernements de l'Europe ont successivement contracté des dettes perpétuelles qui sont et restent, de génération en génération, une charge sur les peuples et un grand obstacle aux progrès de leur prospérité. Le premier soin qui devroit donc occuper ceux qui gouvernent seroit de se libérer de ces dettes, à l'aide du vrai crédit public, qui leur présenteroit pour cette importante opération, les moyens non seulement les plus faciles, mais encore les plus économiques, comme on va le faire voir clairement.

Toute dette qui porteroit cinq pour cent d'intérêt pourroit être payée en une seule fois, si elle n'étoit pas trop considérable, ou successivement dans le cas contraire, en remboursant les créanciers en émission du vrai crédit public, puisque les émissions de ce crédit n'exigent pour leur complete réalisation que cinq pour cent pendant vingt-cinq ans; et dans ce cas tous les créanciers seroient remboursés au pair, quel que pût être l'avilissement que subiroient leurs créances sur la place, puisqu'il n'en coûteroit rien de plus aux gouvernements pour leur procurer cet avantage, que le simple intérêt qu'il leur paieroit actuellement.

Par cette opération, ceux qui gouvernent commenceroient à s'acquitter au

moins indirectement de la grande fonction que leur impose leur caractere de
consommateurs indépendants par excellence, celle d'augmenter la circulation
générale des peuples, puisqu'ils y jetteroient successivement, par le canal des
créanciers publics, du papier-crédit qui
auroit précisément les mêmes effets sur
la consommation générale qu'il auroit
eus s'ils l'avoient émis par leurs dépenses
pour leur consommation directe et indirecte; et l'unique chose qu'ils auroient à
observer seroit de n'opérer les remboursemens annuels que dans de justes proportions, c'est-à-dire ni au-dessus ni au-
dessous des besoins de la circulation générale.

Et c'est ainsi qu'ils deviendroient capables d'éteindre au pair toute dette qui
porteroit cinq pour cent d'intérêt, non
seulement sans autre fonds d'amortissement que ce seul cinq pour cent d'intérêt, mais encore en gagnant annuellement une portion de cet intérêt par l'ex-

tinction des émissions qui se trouveroient réalisées chaque année.

A l'égard des dettes publiques à quatre et demi et à quatre pour cent d'intérêt, ils pourroient également s'en libérer sans autre fonds d'amortissement que le seul intérêt que ces dettes porteroient, en observant seulement un ordre différent dans les remboursements annuels, comme il seroit facile de le prouver si de pareils détails n'étoient pas étrangers à cet ouvrage.

Et la nation même de l'Europe qui, quoique ses emprunts lui aient généralement coûté quatre et demi et cinq pour cent d'intérêt, s'est, par le plus inconcevable égarement, créé fictivement une dette énorme à trois pour cent, et par conséquent beaucoup plus coûteuse à amortir, pourroit encore se libérer de cette dette, à l'aide du vrai crédit public, sans l'assistance d'un grand fonds d'amortissement.

Une fois libérés de leurs dettes, et li-

bérant leurs peuples des taxes qu'ils auroient supportées pour l'intérêt de ces
dettes, ceux qui gouvernent ne rencon-
treroient plus aucun obstacle qui pût les
empêcher de compléter graduellement
la conversion de leurs présents gouvernements en gouvernements vrais, et de
réaliser sur la terre, moralement et physiquement, toutes les merveilles dont la
création a dû être l'unique soin de leurs
stations.

La nation de l'Europe la mieux préparée dans ce moment à recevoir dans son
sein un gouvernement vrai, est celle
qui, n'ayant pas voulu attendre le redressement de ses griefs de la main lente
du temps, l'a pris sur elle-même par une
révolution dont l'horrible souvenir restera profondément gravé dans la mé-
moire des hommes.

Celui qui, après s'être élevé au suprême rang dans cette nation, a mis enfin un terme aux crimes d'une révolution sans exemple, et s'est acquis par-là

des droits si sacrés sur la gratitude publique, est certainement un homme extraordinaire, et les annales des peuples
ne manqueront pas de le présenter comme tel aux siecles futurs.

Mais s'il laissoit subsister l'économie
politique du gouvernement auquel il pré-
side sous l'impuissant systême de purs
expédients, comme elle l'est aussi dans
tous les autres gouvernements, sans excepter celui qui croit avoir porté la sienne
à tant de perfection, il ne seroit un homme extraordinaire que comme l'ont été
dans la même carriere tant d'autres avant
lui.

Pour éterniser son nom et sa gloire
sur la terre, il faut qu'il se consacre à
présent à des vues bien différentes de
celles qu'il a poursuivies jusqu'ici ; il faut
qu'il couvre le vaste territoire qu'occupe
le peuple qu'il gouverne de splendeur et
de magnificence ; il faut qu'il répande le
bonheur universellement sur tous les
individus de l'immense population con-

fiée à ses soins ; en un mot il faut que ses vues ne soient plus que celles du Créateur lui-même, et qu'il soit le premier à fonder sur la terre un gouvernement vrai, et par conséquent le premier en qui l'espece humaine reconnoîtroit un vrai bienfaiteur.

Ce n'est qu'en prenant et effectuant cette divine résolution qu'il n'auroit plus eu de semblables sur la terre ; et c'est alors que toute la nation leveroit ses mains au ciel pour le bénir de lui avoir donné un tel gouverneur, et lui adresser les vœux les plus fervents pour la plus longue durée de son regne.

Et ce qui doit l'encourager à vouloir devenir ce gouverneur qui n'a point encore existé sur la terre, c'est que nul obstacle ne peut l'empêcher d'élever sur son gouvernement actuel un gouvernement vrai, et qu'une premiere opération infiniment facile le conduiroit naturellement à cette glorieuse transformation.

Cette premiere opération seroit de

mettre ce qu'on appelle le tiers consolidé, pour la partie perpétuelle de cette dette , dans un cours de remboursements annuels par le moyen du vrai crédit public , et d'effectuer par conséquent ces remboursements au pair avec le seul intérêt que coûte annuellement la dette au gouvernement.

Les remboursements pourroient sans inconvénient , c'est-à-dire sans crainte d'excéder les besoins de la circulation générale, être portés chaque année à cent millions, jusque à la complette extinction de la dette ; le sort détermineroit tous les ans ceux des créanciers qui seroient dans le cas d'être remboursés : et voici comment cette détermination s'opéreroit.

On numéroteroit sur le grand livre toutes les créances dans l'ordre naturel des nombres , et tous ces numéros seroient ensuite mis dans une roue de fortune , de laquelle on en tireroit tous les ans jusque à concurrence de cent millions, pour désigner ceux des créanciers dont les remboursemens auroient lieu dans l'année.

Voilà en deux mots la première opération à laquelle le gouvernement auroit à procéder pour se préparer toutes les autres qu'exigeroit graduellement la complette formation d'un gouvernement conforme sous tous les rapports au dessein général du Créateur.

Cent millions de papier-crédit versés annuellement dans la circulation générale, par le remboursement des créanciers publics, donneroient naturellement et dans des proportions convenables des accroissemens précieux au travail et à l'industrie, et rameneroient bien vîte l'intérêt de l'argent à son taux naturel.

Le gouvernement se libéreroit par degrés de sa dette perpétuelle, avec le seul intérêt qu'elle lui coûte et lui coûteroit tant qu'elle subsisteroit, puisqu'il seroit continuellement capable de réaliser aux époques fixées le papier-crédit qu'il émettroit pour la libération de cette dette, avec la même ponctualité avec laquelle il paie actuellement l'intérêt qu'elle lui coûte.

Cette ponctualité que le gouvernement observeroit dans la réalisation graduelle des émissions du crédit public, et sur laquelle les créanciers ne pourroient pas manquer de compter avec la même confiance qu'ils ont aujourd'hui dans le paiement de leurs intérêts, familiariseroit bien vîte les esprits avec le papier-crédit, et le feroit préférer dans toutes les transactions aux métaux précieux en monnoies, qu'il surpasseroit d'ailleurs continuellement en valeur par l'intérêt qu'il porteroit.

Alors seroit arrivé le moment où le gouverneur de la nation pourroit se revêtir de son important caractere de consommateur indépendant par excellence, en vouant le crédit public à l'augmentation continuelle de sa consommation directe et indirecte, en nécessités, en commodités , et en agréments de la vie , et augmentant ainsi continuellement la consommation générale et la prospérité de la nation ; en un mot , il deviendroit alors capable de réaliser dans le sein de la nation tout ce qui a dû être grand et bien sur la terre dans le dessein général du Créateur.

On pourroit s'étendre bien davantage sur tout ce qu'un aussi superbe état que l'est celui qu'on a en vue auroit à se promettre d'heureux et de glorieux d'un vrai gouvernement ; mais comme cet ouvrage n'a été destiné qu'au développement des principes et des moyens sur lesquels a dû être fondée l'économie politique des vrais gouvernements , et non à des applications particulieres , on va rentrer dans son sujet.

Ceux qui auront l'esprit prévenu pour tout ce qui a été pratiqué jusqu'ici dans l'économie politique des faux gouvernements , se persuaderont sans doute qu'un crédit public qui ne seroit réalisable qu'à des intervalles subiroit nécessairement des escomptes, et perdroit par conséquent de sa valeur dans la circulation générale des peuples.

Cela auroit pu arriver si les émissions partielles qu'auroit embrassées une émission totale de papier-crédit avoient eu exprimé sur elles l'année de leurs réalisations; mais comment pourroient-elles subir des escomptes lorsque nulle ne seroit marquée réalisable à une époque déterminée, et que toutes seroient dans leur forme extérieure indistinctement réalisables à présentation dans les mains de chaque porteur? d'après quelles regles deviendroit-il donc possible de supputer les escomptes d'un papier-crédit dont la réalisation ne se présenteroit jamais aux yeux dans l'éloignement?

Car pourquoi le vrai crédit public exige-t-il d'une maniere absolue que les métaux précieux en monnoies soient continuellement déposés une année avant les époques fixées à ses réalisations graduelles ? c'est manifestement pour qu'il y ait sans interruption des réalisations possibles depuis le premier jusqu'au dernier jour de chaque année.

Il est vrai que ces réalisations journalieres ne seroient point considérables, puisque dans le courant de l'année elles ne feroient que la vingt-cinquieme partie de chaque émission totale ; mais comme ni la crainte ni le besoin ne pourroient les provoquer en grandes proportions, l'expérience feroit bientôt voir qu'elles seroient suffisantes pour répondre aux demandes, et qu'on auroit plutôt à craindre de ne les voir que rarement épuisées.

Tout le papier-crédit des banques publiques de circulation est réalisable à volonté ; et cependant il est probable que dans les temps ordinaires ces banques ne sont jamais dans le cas d'en avoir annuellement à réaliser pour des sommes considérables, quoique leur papier-crédit n'ait pas la moindre valeur de plus

que les métaux précieux en monnoies, et
qu'il n'y ait par conséquent aucun avantage réel de le préférer à ces métaux.

Pourquoi donc le vrai crédit public,
dont les bases seroient universellement
connues et jamais mystérieuses ni ca-
chées, seroit-il exposé à des réalisations
annuelles plus considérables que ne l'est
celui d'une banque publique de circulation, lorsqu'il auroit continuellement
dans la circulation générale une valeur
supérieure à celle des métaux précieux
en monnoies, et que chaque individu
gagneroit à s'en servir dans toutes ses
transactions de préférence à ces métaux?

Car il seroit impossible qu'un papier-
crédit, fondé et inviolablement maintenu
sur les conditions qu'on a prescrites au
vrai crédit public, pût donner des in-
quiétudes sur la ponctualité de ses réalisations graduelles, quelque long que pût
en être l'intervalle, ni que les hommes
voulussent fréquemment le présenter à
sa réalisation légale pour l'échanger con-

tre une chose d'une valeur inférieure, lorsque dans tous les cas ils pourroient en faire précisément le même usage que des métaux précieux en monnoies.

Mais ceux que des circonstances particulieres pourroient obliger à réaliser un pareil papier-crédit n'auroient pas besoin de le présenter à sa réalisation légale, ils trouveroient dans chaque peuple assez d'individus qui s'empresseroient à saisir les occasions d'échanger des sommes mortes en métaux précieux en monnoies contre un papier-crédit qui, loin de rester mort dans leurs mains, augmenteroit continuellement en valeur par l'intérêt qu'il porteroit et dont ils pourroient à tout instant faire le même usage que des métaux précieux en monnoies.

Enfin ce qui contribueroit encore à rendre les réalisations légales du vrai crédit public moins considérables, et à laisser à ceux qui en seroient porteurs une plus grande latitude pour y avoir recours, c'est que tout le papier-crédit que

les gouverneurs des peuples recevroient
en paiement des contributions publiques
seroit continuellement remis par eux
dans la circulation pour leurs dépenses
générales , et ne pourroit jamais être
réalisé dans leurs mains que dans les derniers termes de l'intervalle fixé à la réalisation définitive de chaque émission totale.

Tels seroient les précieux avantages
qui accompagneroient infailliblement le
crédit public dans tout vrai gouvernement ; et ce ne seroit qu'en le supposant
appliqué à des gouvernements faux , et
par conséquent à des intérêts opposés à
ceux du Créateur , qu'on n'auroit que
trop de raisons à ne pas regarder sa marche comme aussi naturelle qu'on l'a re-
présentée.

Car sous des gouvernements uniquement dirigés par les évènements , et par
conséquent instables dans toutes leurs
mesures , aucun peuple ne pourroit s'attendre que ses gouverneurs déposeroient

fidèlement les métaux précieux en monnoies qu'exigeroient nécessairement les
réalisations graduelles du crédit public,
ou ne mettroient point les mains sur ceux
qu'ils auroient déposés pour les détourner à d'autres usages, puisque violer la
foi des engagements et s'en justifier sur
la nécessité des circonstances a été et a
dû inévitablement être la constante pratique des faux gouvernements.

Les aveugles fauteurs des faux systèmes
de gouvernements n'auroient donc qu'à
trop juste titre de grandes objections à
élever contre le crédit public qu'on propose, puisque l'introduire dans l'économie politique de tels gouvernements seroit pour tout peuple la même chose que
multiplier dans les mains de ses gouverneurs les moyens d'accumuler sur lui les
malheurs et les crimes.

Enfin un avantage infiniment important qui résulteroit naturellement de l'introduction du vrai crédit public dans
l'économie politique des peuples, seroit

celui d'intéresser et d'attacher chaque peuple au maintien de son gouvernement, puisque le papier-crédit que la circulation générale répandroit sans cesse universellement dans toutes les mains feroit sentir à chaque individu que l'inviolable sécurité de sa propriété dépendroit d'une maniere absolue du repos public, et par conséquent de l'imperturbable stabilité du gouvernement.

CHAPITRE X.

Du vrai revenu public des gouvernements.

APRÈS avoir développé le vrai crédit public dans toute sa puissance, il faut voir comment les gouverneurs des peuples ont dû se procurer le revenu nécessaire pour devenir capables de répondre continuellement aux dépôts annuels qu'exigeroient graduellement ses réalisations.

L'unique objet du vrai crédit public étant de revêtir les gouverneurs de la terre du pouvoir de maintenir les peuples dans le cours continuel d'une vraie prospérité, et l'unique destination de tout revenu public ayant dû être de les rendre capables de nourrir continuellement ce merveilleux pouvoir dans le crédit public, il est clair qu'il étoit de l'intérêt de chaque peuple de fournir à ses gouverneurs un revenu public, puisque de ce juste tribut devoit naturellement résulter pour lui le plus grand bien-être physique possible.

Mais une question d'une importance infinie à résoudre dans l'économie politique de l'espece humaine, c'est de savoir jusqu'à quel degré chaque peuple a dû être obligé de fournir à ses gouverneurs un revenu public, et par conséquent jusqu'à quel degré ses gouverneurs ont dû avoir le droit de l'exiger de lui ; et c'est dans les éternels principes de tout vrai gouvernement qu'on trouvera la solution de cette intéressante question.

On a dit et répété que l'importante fonction qu'ont dû avoir à remplir les gouverneurs des peuples dans leurs stations c'est de multiplier à l'aide du vrai crédit public leurs dépenses générales, ou, ce qui est la même chose, leur consommation directe et indirecte en nécescités, en commodités, et en agréments de la vie, dans une progression continuellement et régulièrement croissante.

Or, comme rien de plus n'a dû leur être nécessaire pour devenir capables de vouer le vrai crédit public à cette importante fonction que de posséder seulement les métaux précieux en monnoies que demanderoient continuellement en dépôt ses réalisations graduelles, il est évident que leur revenu public n'a dû se mesurer que sur la quantité de ces métaux dont ils auroient nécessairement besoin pour donner au vrai crédit public toute la puissance qu'exigeroit l'objet final auquel ils auroient à le consacrer.

C'est donc dans ces immuables limites qu'ils ont dû circonscrire d'une maniere absolue le revenu public qu'ils exige- roient de leurs peuples, puisque dans nul gouvernement fondé sur les vues du Créateur ils n'ont dû s'en attribuer plus que n'en demanderoit pour ses réalisa- tions le vrai crédit public dans la multi- plication continuelle et réguliere de leurs dépenses générales.

Ainsi ce seroit arbitrairement et sans nécessité qu'ils assujétiroient leurs peu- ples à plus de revenu public que ne leur en fixent ces limites, puisque s'en arro- ger davantage ne pourroit avoir pour objet que de le vouer à des vues étran- geres à celles du Créateur, les seules qu'ils ont dû avoir à remplir dans tout vrai gou- vernement.

D'un autre côté si un peuple ne four- nissoit pas à ses gouverneurs assez de revenu public pour les rendre capables de le gouverner dans les vues du Créa- teur, il les mettroit dans l'impossibilité

de pouvoir le faire prospérer autrement
que d'une fausse prospérité, et ne pourroit par conséquent s'en prendre qu'à
lui-même des malheurs et des crimes
qu'ils ameneroient sur lui nécessairement.

Mais les gouverneurs de la terre n'ont
pas même dû avoir le droit de lever leur
revenu public tout entier sur leurs peuples ; car comme il seroit en leur pouvoir de multiplier leurs métaux précieux
en monnoies artificiellement par le vrai
crédit public, il est manifeste qu'ils en
auroient d'autant moins à exiger, puisque nul peuple n'a dû être tenu de fournir à ses gouverneurs plus que le revenu
public nécessaire pour les rendre capables de le maintenir imperturbablement
dans le cours d'une vraie prospérité.

Ainsi en supposant comme on l'a fait
plus haut que le vrai crédit public donneroit aux gouverneurs de la terre le pouvoir de multiplier leurs métaux précieux
en monnoies artificiellement dans la proportion de un à vingt-cinq, il est évident

qu'ils n'auroient continuellement besoin d'exiger de leurs peuples que la vingt-cinquieme partie de tout le revenu public qui leur auroit été assigné dans tout vrai gouvernement, puisqu'ils seroient continuellement capables de s'en donner eux-mêmes vingt-quatre vingt-cinquiemes.

On voit donc combien seroit inappréciable pour les peuples l'avantage qu'ils auroient à se promettre de l'introduction du vrai crédit public dans l'économie politique des gouvernements, puisqu'il leur présenteroit la consolante perspective de se trouver affranchis pour l'avenir de l'énorme poids des taxes, dont ils ont été si arbitrairement accablés dans tous les temps.

La premiere chose qu'il faut examiner, après avoir fixé le revenu public que les gouverneurs de la terre ont dû avoir le droit d'exiger des peuples, c'est de quelle maniere chaque peuple a dû fournir ce revenu public.

Comme le revenu public que chaque

peuple fourniroit a dû avoir pour objet
final de rendre ses gouverneurs capables
de répandre la prospérité universellement sur tous ses individus, il est évident qu'il a dû être juste pour chaque
individu d'un peuple de contribuer au
revenu public dans la proportion du
bien-être physique qu'il en recueilleroit.

Or, comme le revenu annuel de chaque individu d'un peuple est l'unique
mesure exacte du bien-être physique
dont il est capable de jouir, puisque ce
n'est qu'à l'aide de ce moyen qu'il peut
se procurer les nécessités, les commodités, et les agréments de la vie, il est manifeste que l'unique maniere de faire contribuer les individus des peuples au revenu public dans l'exacte proportion de
leur bien-être physique, c'est d'assigner
à chacun sa contribution sur son revenu
annuel.

Car sur tels objets qu'on eût pu imaginer de vouloir asseoir indirectement
les contributions publiques des peuples,
il auroit été de toute impossibilité qu'au-

cune eût pu être considérée comme la mesure exacte des revenus annuels des individus, et n'eût pas continuellement ou porté trop sur les revenus des uns, ou trop peu sur les revenus des autres, puisque nulle combinaison de calcul et par conséquent nul moyen dans la répartition de ces taxes n'auroit pu prévenir cette injuste inégalité.

Et s'il est impossible de douter de cette vérité, il en résulte que les taxes indirectes que les faux gouvernements se sont permis de multiplier si monstrueusement sur les individus des peuples ont toutes été sans exception des taxes inégales, et par conséquent oppressives, quoique dans l'égarement des idées on les ait regardées comme la plus utile et la plus ingénieuse invention.

Il est donc clair que l'unique précaution qu'auroient à prendre les vrais gouverneurs de la terre pour s'assurer leur revenu public seroit d'obliger les individus de leurs peuples à déclarer leurs revenus annuels, pour être constatés dans des registres publics, et devenir ensuite l'unique source dans laquelle ont dû être puisées les contributions publiques.

Et dans tout gouvernement vrai cette premiere déclaration que feroit chaque individu d'un peuple de son revenu annuel resteroit si immuablement fixée pour lui qu'elle seroit regardée comme l'invariable regle sur laquelle se mesureroit pour toute sa vie sa juste contribution au revenu public, telle augmentation qu'il pût donner par la suite à son revenu annuel.

Car si pour gouverner l'espece humaine dans les vues finales du Créateur les gouverneurs de la terre ont dû nécessairement la faire jouir du plus grand bien-être physique possible, il est de toute évidence que ne jamais retrancher du bien-être physique de leurs peuples pour la formation de leur revenu public que l'absolu nécessaire, et par conséquent le moins possible, a dû être la plus inviolable loi de leurs gouvernements.

Or on prouvera ci-après que le revenu public qui résulteroit de la première déclaration que chaque individu d'un peuple feroit une fois pour toutes de son revenu annuel, quelque modéré qu'il pût être, comparé à celui qu'on a levé par tant d'inventions sur les peuples, suffiroit amplement pour rendre les gouverneurs de la terre capables de s'acquitter de tous les devoirs de leurs stations au gré du Créateur.

On objectera sans doute, d'après ce qu'on a vu arriver sous des gouvernemens faux, que les individus des peuples ne déclareroient point de bonne foi leurs revenus annuels. Mais comment cela seroit-il à craindre lorsque les contributions publiques auxquelles ils se trouveroient assujétis sortiroient par leur modération de toute proportion avec celles qu'on leur a dans tous les temps si arbitrairement arrachées, et qu'ils auroient de plus la certitude que ce ne seroit continuellement que pour leur bonheur, et

jamais pour leur malheur, qu'ils contribueroient au revenu public?

Exiger des individus d'un peuple des
contributions publiques à des conditions
aussi précieuses, ne seroit-ce pas les leur
faire offrir d'eux-mêmes volontairement?
Dans tous les cas il ne seroit pas difficile
d'imaginer des précautions pour prévenir les infidélités.

Les gouverneurs de la terre n'ont, il
est vrai, pu devenir capables de multiplier continuellement dans leurs mains
leur revenu public qu'en obtenant de
leurs peuples des contributions continuellement plus grandes ; mais il est également vrai que gouverner un peuple
dans les vues du Créateur a dû nécessairement être la même chose que lui accroître progressivement sa population,
et par conséquent l'enrichir sans cesse
de nouveaux agriculteurs, de nouveaux
manufacturiers, et de nouveaux consommateurs indépendants.

Or ce n'est que sur les revenus annuels
des nouveaux agriculteurs, des nouveaux

manufacturiers, et des nouveaux consommateurs indépendants, dont les gouverneurs de la terre enrichiroient la population de leurs peuples, qu'ils ont dû donner à leur revenu public les accroissements nécessaires, et jamais, comme ils l'ont si malheureusement fait jusqu'ici, par une accumulation de contributions sur les revenus annuels des mêmes agriculteurs, des mêmes manufacturiers, et des mêmes consommateurs indépendants.

Une autre chose à déterminer dans tout vrai gouvernement, c'est la part que chaque individu d'un peuple a dû nécessairement avoir à détacher de son revenu annuel pour sa juste contribution au revenu public de ses gouverneurs, autant qu'il peut être possible de prononcer sur ce que l'expérience seule a dû avoir à décider.

Mais avant toutes choses il est nécessaire de découvrir la proportion dans laquelle chacune des trois grandes classes d'hommes qui forment ensemble la po-

pulation de tout peuple bien organisé
pour sa destination a dû contribuer au
revenu public ; car on va voir que cette
proportion n'a pas dû être la même pour
toutes.

S'il avoit été au pouvoir des gouverneurs de la terre de procurer indistinctement aux agriculteurs, aux manufacturiers, et aux consommateurs indépendants, une même proportion de bien-
être physique, ces trois classes d'hommes
auroient eu aussi à contribuer au revenu
public dans une même proportion, puisqu'il n'y auroit eu aucune raison pourquoi la part des unes eût dû être plus
grande que celle des autres.

Mais dans l'ordre naturel des choses
les agriculteurs et les manufacturiers,
chargés eux seuls de tout le travail des
peuples, ont dû nécessairement former
ensemble dans chaque peuple une masse
de population supérieure à celle des consommateurs indépendants.

Or on a fait voir que dans le vrai mécanisme de l'économie politique des peuples le revenu annuel des consommateurs indépendants a dû continuellement devenir le revenu annuel des agriculteurs et des manufacturiers , en passant dans leurs mains en échange des nécessités, des commodités, et des agréments de la vie.

Et de là il est clair que dans chaque peuple le terme moyen des revenus annuels , et par conséquent celui de la consommation individuelle des agriculteurs et des manufacturiers en nécessités , en commodités , et en agréments de la vie a dû naturellement être inférieur au terme moyen des revenus annuels et de la consommation individuelle des consommateurs indépendants , puisque d'un même revenu annuel appliqué successivement à la consommation de deux classes d'hommes inégales en population a dû nécessairement résulter un bien-être physique moyen moins grand pour la classe la plus nombreuse.

Malheureusement il est impossible d'apprendre de l'expérience dans quelle proportion la population des agriculteurs et des manufacturiers a dû naturellement surpasser celle des consommateurs indépendants, ni par conséquent dans quelle proportion le bien-être physique moyen des consommateurs indépendants a dû continuellement être supérieur à celui des agriculteurs et des manufacturiers, parcequ'il n'a jamais existé sur la terre aucun peuple qui ait été gouverné dans les vues du Créateur.

Mais, comme il est vraisemblable que dans tout vrai gouvernement la population des agriculteurs et des manufacturiers pris ensemble seroit double de celle des consommateurs indépendants, on adoptera cette proportion, en attendant que l'expérience l'ait déterminée elle-même plus exactement dans l'économie politique future de l'espece humaine.

En partant de cette supposition les agriculteurs et les manufacturiers n'auroient donc continuellement à fournir au revenu public dans chaque peuple que la moitié de la part qui seroit assignée aux consommateurs indépendants, puisque les assujettir dans leurs contributions publiques à une même proportion avec les consommateurs indépendants, lorsqu'ils ne pourroient jamais arriver à la même proportion moyenne de bien-être physique, seroit manifestement la plus tyrannique oppression.

Cependant jamais on ne s'est embarrassé de cette importante et si juste distinction sous les gouvernements faux, puisque, dans le désordre général de l'économie politique de ces gouvernements, les agriculteurs et les manufacturiers ont continuellement été forcés de supporter le poids des taxes sur les objets de consommation au même degré que les consommateurs indépendants.

Quoiqu'il n'ait dû appartenir qu'au temps seul, comme on l'a déja dit, de fixer la part que d'un côté les consom-

mateurs indépendants, et de l'autre les
agriculteurs et les manufacturiers ont
dû nécessairement avoir à retrancher
dans chaque peuple de leur bien-être
physique pour former le revenu public
de leurs gouverneurs, on va cependant
par anticipation la supposer pour les uns
du dixieme, et pour les autres du vingtieme de leurs revenus annuels.

Car on a lieu de regarder ces proportions comme convenables, c'est-à-dire
comme n'étant ni excessives pour les
contribuables, ni défectives pour le revenu public, et répondant par conséquent aux deux conditions essentiellement requises dans toute contribution
publique.

Elles ne seroient point excessives pour
les contribuables, non seulement parcequ'elles ne porteroient jamais que sur
la premiere déclaration de leurs revenus
annuels, mais encore parcequ'ils auroient
la certitude de les voir continuellement
diminuer en même raison qu'ils augmen-

teroient leur bien-être physique, et par
conséquent en raison totalement inverse
de ce qu'ils auroient éprouvé jusqu'ici.

Car comme l'unique soin des gouverneurs de la terre a dû être de multiplier
le bien-être physique des peuples dans
une progression continuellement croissante, il est manifeste que la même contribution, qui dans l'origine auroit été
pour les consommateurs indépendants
un dixieme, et pour les agriculteurs et
les manufacturiers un vingtieme de leurs
revenus annuels, n'en seroit plus qu'un
vingtieme et un quarantieme, ou un tren-
tieme et un soixantieme sitôt qu'ils se
trouveroient avoir doublé ou triplé leurs
revenus annuels.

Et avec cette consolante certitude de
voir le poids des contributions publiques
progressivement s'alléger sur eux ils auroient encore celle de ne jamais pouvoir
être assujétis, dans tel mode et sur tels
objets que ce pût être, à des taxes indirectes dont le système entier seroit pro-

scrit de l'économie politique des gouvernements, mais de jouir des nécessités,
des commodités, et des agréments de la
vie dans l'affranchissement total de tous
autres retranchements de leur bien-être
physique que de ceux qui leur auroient
été fixés à perpétuité sur leurs premiers
revenus annuels.

Les contributions publiques auxquelles on fixe par supposition les individus
des peuples ne seroient pas non plus défectives pour le revenu public; et cela
seroit indubitablement vrai dans tout
gouvernement dont l'économie politique
auroit graduellement été purifiée au
moins de ses plus grands désordres.

Car en entreprenant de développer la
prospérité des peuples dans les vues du
Créateur, les gouverneurs de la terre ont
dû non seulement s'abstenir de toute
irrégularité, mais encore de toute préci-
pitation, et imiter dans toutes leurs mesures la marche de la nature, qui ne développe ni n'amene ses merveilles à la

perfection que par des progrès lents et pour ainsi dire imperceptibles.

Or ils vont avoir la plus convaincante preuve que le revenu public qu'on leur fixe seroit suffisant pour les rendre capables de développer progressivement l'homme et la terre sous tous leurs pouvoirs, et de remplir ainsi l'unique tâche que le Créateur leur a assignée dans leurs stations : car s'il est d'abord évident que ce premier revenu public, tel modéré qu'il pût être, les rendroit capables de donner au vrai crédit public une premiere puissance, il est également évident que cette premiere puissance du crédit public les revêtiroit du pouvoir d'accroître leur consommation directe et indirecte en nécessités, en commodités, et en agréments de la vie, et d'opérer par-là un premier progrès dans la consommation générale, et par conséquent dans la prospérité des peuples.

Il n'est donc plus nécessaire que de prouver que tout peuple bien organisé

pour sa destination n'a dû avoir besoin
de rien de plus pour faire mécaniquement et dans un enchaînement continuel tous les progrès possibles dans le
développement de sa prospérité, que d'y
faire uniquement un premier progrès
quelconque; et c'est ce qu'on va faire démonstrativement.

Il est manifeste que le premier progrès
qu'un peuple fait dans le développement
de sa prospérité lui donne naturellement
des nouveaux hommes, c'est-à-dire des
nouveaux agriculteurs, des nouveaux manufacturiers, et des nouveaux consommateurs indépendants; car dans le vrai
mécanisme de l'économie politique de
l'espece humaine on doit nécessairement
regarder l'un comme l'inséparable effet
de l'autre: et de là trois vérités évidentes.

La premiere, que du produit des contributions levées sur les revenus annuels
des nouveaux hommes qu'un peuple se
donneroit par un premier progrès dans sa
prospérité résulteroit nécessairement un

premier accroissement dans le revenu public de ses gouverneurs; la seconde, qu'à
l'aide de ce premier accroissement dans
leur revenu public ses gouverneurs deviendroient capables de donner un premier accroissement de puissance au vrai
crédit public; la troisieme, que ce premier
accroissement de puissance dans le vrai
crédit public les rendroit capables d'opérer un second progrés dans sa prospérité.

Or il est clair que de la même maniere
qu'un second progrés dans la prospérité
d'un peuple résulteroit naturellement
d'un premier, un troisieme résulteroit
d'un second, un quatrieme d'un troisieme, un cinquieme d'un quatrieme, et
ainsi de suite, dans une succession non
interrompue, chaque progrès antécé-
dent portant continuellement avec lui
les moyens nécessaires pour le progrés
immédiatement suivant.

Telle est l'infinie simplicité du mécanisme par lequel les gouverneurs de l'espece humaine ont pu devenir capables

de réaliser à l'aide du vrai crédit public
toutes les vues du Créateur sur la terre,
puisqu'un premier revenu public, levé
avec modération sur les premiers revenus
annuels des agriculteurs, des manufacturiers, et des consommateurs indépendants, a dû naturellement les conduire
de lui-même à tout celui dont ils devoient
avoir besoin pour élever graduellement
le vrai crédit public à toute la puissance
qu'exigeroit le développement continuel
de la vraie prospérité des peuples.

On voit donc clairement que ce n'est
pas seulement dans l'ordre physique de
la terre, mais encore dans l'ordre moral
de cette planete que l'intelligence infinie
du Créateur a su combiner les plus grands
effets avec le moins de moyens possibles.

Car c'est avec le moins de retranchements possibles du bien-être physique de
l'espece humaine que ses vrais gouverneurs ont dû pouvoir devenir capables
de la faire jouir imperturbablement d'une
vraie prosperité, tandis qu'en forçant sur

son bien-être physique les plus monstrueux retranchements ses faux gouverneurs ne l'ont continuellement fait prospérer que d'une prospérité fausse.

Et voilà comment sous des gouvernements vrais il a dû être infiniment facile de gouverner la terre dans les vues finales du Créateur, de la couvrir de splendeur et de magnificence dans son ordre physique, et d'hommes heureux dans son ordre moral, tandis que le contraire a dû devenir l'inévitable sort de cette planete sous des gouvernements faux.

Car comme sous des gouvernements faux, c'est-à-dire sous des gouvernements adaptés aux seules vues de ceux qui gouvernent, il a dû être impossible d'introduire le vrai crédit public dans l'économie politique de l'espece humaine, ni par conséquent de sauver par lui aux peuples des contributions, il est manifeste que sous de tels gouvernements il a dû être impossible d'arriver au revenu public autrement qu'en le prenant continuellement tout entier dans le bien-être physique des peuples.

Est-il donc étonnant qu'en perdant ainsi de vue la sainte fin qu'ils ont dû avoir à remplir dans leurs stations, celle de faire jouir les peuples du plus grand bien-être physique possible, les gouverneurs de l'espece humaine, même les mieux intentionnés, n'aient cessé jusqu'à ce jour d'être les fléaux de la terre, et les seules causes des malheurs et des crimes qui ont dégradé l'homme et déshonoré le Créateur sur cette planete?

Mais comme on ne perd point l'espoir de les ramener de leurs funestes égaremens, et de les convaincre que c'est autant contre leurs propres intérêts que contre ceux du Créateur qu'ils ont subordonné leurs gouvernements à leurs seules vues, on continuera à leur faire voir que ce n'est qu'en faisant le plus grand bonheur de la terre qu'ils ont pu s'élever à leur plus grande gloire, et en même temps combien faire l'un et acquérir l'autre ont dû leur devenir faciles.

On a prouvé au-delà de toute possibilité d'en douter que développer à l'espece humaine sa prospérité dans les vues précises du Créateur c'est multiplier aux peuples leur bien-être physique dans une progression continuellement et réguliérement croissante; et l'on a déja fait voir à ceux qui gouvernent comment ils ont pu devenir capables de remplir la premiere de ces deux conditions, celle de multiplier le bien-être physique des peuples par des progrès continuellement croissants.

Car comme c'est dans leur consommation directe et indirecte en nécessités, en commodités, et en agréments de la vie qu'a dû consister le principe actif du développement de la vraie prospérité de l'espece humaine, et qu'avec l'assistance du vrai crédit public ils sont capables de multiplier leurs dépenses générales indéfiniment, il est manifeste que rien n'a pu leur manquer pour développer aux peuples leur prospérité dans une progression continuellement croissante.

Ils n'ont donc plus besoin que de savoir comment ils ont pu aussi se rendre capables de multiplier leurs dépenses générales régulièrement, afin de pouvoir répondre à la seconde condition à laquelle le Créateur a assujéti d'une maniere absolue le vrai développement de la prospérité des peuples; et c'est ce qu'on va leur indiquer.

On a prouvé démonstrativement dans sa propre place que nul peuple ne pouvoit subir des hausses ou des baisses dans le prix de ses choses sans éprouver proportionnellement une diminution dans sa consommation générale, et par conséquent un déclin dans sa prospérité, et l'on a également prouvé que dans tout peuple les hausses et les baisses dans le prix des choses devenoient les conséquences naturelles d'une disproportion entre la demande des consommateurs indépendants et l'offre des agriculteurs et des manufacturiers.

Ainsi multiplier leurs dépenses générales régulièrement a dû être pour les

gouverneurs de la terre la même chose
que proportionner continuellement leur
consommation directe et indirecte en nécessités, en commodités, et en agréments
de la vie à l'offre des agriculteurs et des
manufacturiers ; et il ne reste qu'à leur
tracer la regle qu'ils ont dû avoir à suivre
pour ne jamais s'écarter de cette proportion ni en plus ni en moins.

S'il avoit été possible de constater continuellement la masse de subsistance et
de choses façonnées à des usages qui
auroit résulté dans chaque peuple du
travail des agriculteurs et des manufacturiers, on auroit eu dans tous les cas
une mesure exacte de l'offre de ces deux
classes d'hommes.

Mais, comme mesurer ainsi directement l'offre des agriculteurs et des manufacturiers n'a pu être praticable, il a
nécessairement fallu l'apprécier indirectement par une autre mesure ; et cette mesure indirecte se présente naturellement
d'elle-même dans tout vrai gouvernement.

Dans le dessein général du Créateur

nul peuple n'a dû rester un seul instant
au-dessous de son bien-être physique
possible; or comme cela seroit nécessairement arrivé à tout peuple dont les agriculteurs et les manufacturiers auroient
resté dans leur travail au-dessous de
leurs pouvoirs productifs, il est clair que
dans tout vrai gouvernement les agriculteurs et les manufacturiers ont dû
continuellement exercer leur travail, et
par conséquent produire la subsistance
et façonner les choses à des usages dans
la pleine proportion de ce que l'usage
naturel de leurs pouvoirs leur permettroit de faire.

Il est donc manifeste que dans le vrai
mécanisme de l'économie politique de
l'espece humaine le travail, ou, ce qui
est la même chose, l'offre des agriculteurs et des manufacturiers en subsistance et en choses façonnées à des usages a dû continuellement être regardé
comme en proportion exacte avec la population de ces deux classes d'hommes.

Car plus la population des agriculteurs
et des manufacturiers seroit grande dans
un peuple gouverné dans les vues du
Créateur, plus aussi seroit grande la
masse de subsistance et de choses façonnées à des usages que ces deux classes
d'hommes produiroient, et par conséquent offriroient ; et ce n'est que sous
des systèmes d'économie politique faux
qu'il a pu régner une disproportion dans
ces deux circonstances.

Il est donc évident que tout ce que les
gouverneurs de la terre ont dû avoir à
faire pour multiplier leurs dépenses générales régulièrement c'est de faire constater périodiquement les progrès dans
la population des agriculteurs et des manufacturiers, et d'y proportionner continuellement leur consommation directe
et indirecte en nécessités, en commodités, et en agréments de la vie.

Et c'est ainsi que l'art de gouverner la
terre dans les vues du Créateur, et de
développer à l'espece humaine sa subsis-

tance, sa population, et ses besoins artificiels dans une progression continuellement et régulièrement croissante, n'a
dû exiger dans ceux qui gouvernent ni
longues et profondes méditations, ni raisonnements abstraits, ni calculs compli-
qués, ni talents supérieurs, puisque cet
art sublime n'a dû définitivement consister que dans des opérations purement
mécaniques.

Car n'est-ce pas pour les gouverneurs
de la terre une opération purement mécanique que de multiplier dans leurs
mains les métaux précieux en monnoies
artificiellement par le vrai crédit public?
n'est-ce pas pour eux une opération purement mécanique que de faire constater périodiquement les progrès dans la
population des agriculteurs et des manufacturiers? et n'est-ce pas pour eux une
opération purement mécanique que de
proportionner la multiplication de leurs
dépenses générales aux progrès dans la
population des agriculteurs et des manufacturiers?

Ce n'est que lorsque les gouverneurs de la terre ne gouvernent que dans leurs seules vues que l'art des gouvernements devient infiniment compliqué, puisqu'il est impossible qu'il puisse alors être autre chose qu'un système d'expédients continuellement subordonné à la contingence des circonstances; et c'est la raison pourquoi tous ceux qui ont gouverné ainsi se sont tôt ou tard perdus dans un labyrinthe inextricable.

CHAPITRE XI.

Des gouvernements mixtes.

LES principes qu'on a si démonstrativement développés du vrai système de la terre, et par conséquent du dessein immédiat du Créateur, offrent la plus convaincante preuve que transformer sur le champ les faux gouvernements de l'espece humaine en gouvernements vrais

17.

n'a dû exiger pour tout changement dans l'économie politique des peuples, telle qu'on l'a si malheureusement pratiquée jusqu'ici, que celui de son principe actif.

Que les gouverneurs de l'espèce humaine se substituent dans le développement de la prospérité des peuples au commerce extérieur, et à cette unique condition ils deviendront capables de gouverner la terre dans les sublimes vues du Créateur, puisque dès ce moment ils substitueront dans ce développement un moyen constant, régulier, et tout-puissant, à un moyen inconstant, irrégulier, et infiniment borné dans sa puissance.

Car jamais aucun peuple de la terre n'a pu se promettre du commerce extérieur plus qu'une consommation inconstante, irréguliere, et très limitée des produits de son travail, ni par conséquent autre chose qu'une prospérité fausse, tandis qu'il est au parfait pouvoir des gouverneurs de chaque peuple de consommer sa subsistance et ses choses

façonnées à des usages directement et indirectement dans une progression continuellement et régulièrement croissante,
et de le bénir ainsi d'une vraie prospérité.

Aussi retomber dans le néant après
avoir faussement prospéré un temps a été
et a dû nécessairement devenir le sort
de tous les peuples commerçants de la
terre : et si l'on avoit besoin de se convaincre oculairement de l'impuissance
du commerce extérieur dans le développement de la vraie prospérité des peuples, on n'auroit qu'à fixer les regards
sur le peuple de l'Europe qu'on a déja eu
occasion de citer, et qui depuis un siecle
a fondé sur ce faux moyen de prospérité
le système entier de son économie politique.

Car pourquoi ce peuple montre-t-il
encore sur son territoire, après un siecle
de commerce extérieur, une si prodigieuse portion de terres incultes et res-
tées dans la primitive difformité de la

nature? Par l'unique raison que son commerce extérieur, quelque immense qu'il soit, n'a pas eu la puissance d'en provoquer la culture.

Pourquoi ce peuple présente-t-il dans son sein tant de pauvres et tant de réceptacles pour les y recevoir et maintenir? Par l'unique raison que son commerce extérieur n'a pas eu la puissance de fournir à toute sa population les moyens de se maintenir librement par le travail.

Pourquoi ne voit-on régner l'aisance chez ce peuple que dans le petit nombre de lieux où sont fixés les foyers de son commerce extérieur, tandis qu'une si grande portion de sa population se trouve réduite pour tout bien-être physique aux seules nécessités de la vie? Par l'unique raison que jamais aucun peuple de la terre n'a pu attendre du commerce extérieur une circulation générale uniformément égale.

Pourquoi ce peuple ne déploie-t-il sur

son teritoire que si médiocrement ces splendides monuments publics qu'éleveroit et multiplieroit indéfiniment sur ses pas une opulence dérivée d'une vraie prospérité, et par conséquent solidement croissante? Par l'unique raison que jamais ni vraie prospérité ni opulence solidement croissante n'ont pu devenir les resultats du commerce extérieur.

En un mot, pourquoi l'économie politique de ce peuple n'est-elle dans l'universalité de ses déterminations qu'un tissu de fausses et d'impuissantes mesures? Par l'unique raison que ceux qui l'ont conduite jusqu'à ce jour n'ont jamais su lui appliquer qu'un principe actif faux et impuissant.

Un ordre de choses infiniment différent se manifesteroit dans tout peuple dont les gouverneurs s'attribueroient à eux seuls exclusivement les fonctions de principe actif de son économie politique, et n'en laisseroient par conséquent aucune part au commerce extérieur.

Car en multipliant alors leur consommation directe et indirecte en nécessités, en commodités, et en agréments de la vie dans une progression continuellement et régulièrement croissante, comme rien au monde ne pourroit les en empêcher, ils multiplieroient aussi dans la même progression la consommation générale des peuples, et par conséquent, d'une part le travail des agriculteurs et des manufacturiers, et de l'autre les revenus annuels des consommateurs indépendants.

De nécessité absolue un peuple ainsi gouverné étendroit donc progressivement la culture sur toute la surface de son territoire, et la porteroit tôt ou tard à son plus haut degré de perfection.

De nécessité absolue la circulation générale d'un peuple ainsi gouverné répandroit l'aisance sans exception sur toutes les classes de ses hommes, et n'y laisseroit jamais aucun individu nécessairement pauvre.

De nécessité absolue un peuple ainsi gouverné multiplieroit et perfectionneroit les arts et leurs productions dans tous les genres en même raison qu'il multiplieroit et perfectionneroit ses besoins artificiels, et couvriroit par degrés son territoire aussi universellement de splendeur et de magnificence que d'hommes heureux.

De nécessité absolue un peuple ainsi gouverné multiplieroit sur son territoire les villes et les villages pour y recevoir une population continuellement croissante ; les misérables habitations des villages se changeroient en maisons de villes, les maisons de villes en palais, et les palais de ceux qui gouvernent en monuments des plus nobles matériaux.

En un mot, de nécessité absolue la terre ainsi gouvernée se développeroit graduellement sous tous ses pouvoirs, et entoureroit enfin l'espece humaine, comme l'a si formellement voulu le Créateur, de toutes les nécessités, de toutes les commodités, et de tous les agréments de la vie possibles.

Mais ces avantages précieux que procureroient extérieurement à l'espece humaine ses vrais gouverneurs n'embrasseroient pas encore tout ce qui résulteroit de merveilleux de la toute-puissance de leur gouvernement; de nécessité absolue ils développeroient aussi l'homme sous tous ses pouvoirs, puisque ce développement a dû tenir immédiatement à celui des pouvoirs de la terre, et par conséquent l'accompagner inséparablement.

Car pourquoi le Créateur a-t-il pris tant de soins de placer l'homme dans l'état de société? c'est manifestement pour qu'il se donnât dans cet état des besoins artificiels, et qu'en développant pour le service de ses besoins les pouvoirs de la terre il réalisât en lui son intelligence possible.

Ainsi, en développant ses besoins artificiels, l'homme a dû nécessairement donner naissance aux arts, puisque sans eux il auroit été incapable de réaliser ses besoins; les arts ont dû naturellement donner naissance aux sciences par le moyen d'abstractions et de raisonnemens, comme on l'a fait voir dans un autre endroit; et c'est aux sciences que l'homme doit le grand développement de son intelligence.

Il est donc de toute évidence que multiplier les besoins artificiels de l'homme c'est aussi multiplier les arts; que multiplier les arts c'est aussi multiplier les sciences; que multiplier les sciences c'est aussi multiplier l'intelligence humaine: et voilà la marche naturelle et par conséquent l'infaillible marche que le Créateur a tracée à l'espece humaine pour le développement indéfini de son intelligence.

Or, comme les vrais gouverneurs de la terre développeroient à l'espece humaine ses besoins artificiels dans une progression continuellement croissante, il est manifeste qu'ils lui développeroient aussi dans la même progression son in-

telligence, et que de génération en génération ils l'approcheroient continuellement plus près du plus haut degré d'intelligence que la nature de son organisation a dû pouvoir admettre.

Le cours des siecles ne présenteroit
donc plus les peuples tantôt éclairés de
quelques lueurs d'intelligence et tantôt
plongés dans les plus profondes ténebres
de l'ignorance, parcequ'on ne verroit plus
l'espece humaine tantôt faire quelques
progrès dans le développement des pouvoirs de la terre, et tantôt s'arrêter et
décliner dans ces progrès.

Enfin le plus sublime de tous les dons
que l'espece humaine recevroit des mains
de ses vrais gouverneurs seroit son vrai
moral, c'est-à-dire un moral conforme
aux raisons finales du Créateur, puisque
ce n'est que dans cette conformité des
actions de l'homme avec l'ordre éternel
des choses que consiste son vrai moral.

Car ce sont les raisons finales sur lesquelles la sagesse infinie du Créateur a-

fondé le système de la terre qui sont ses suprêmes volontés, et par conséquent ses suprêmes lois sur cette planète, et non les lois humaines que les gouverneurs des peuples leur imposent arbitrairement sur des raisons finales uniquement adaptées à leurs propres intérêts.

Ce n'est donc manifestement qu'en donnant à ses actions les mêmes raisons finales que le Créateur leur a fixées que l'homme obéit aux lois divines ; et ce n'est que sous des gouvernements vrais qu'il seroit amené naturellement à cette obéissance.

Car comment un peuple pourroit-il vouloir poursuivre les nécessités, les commodités, et les agréments de la vie par le crime, et se corrompre ainsi dans son moral lorsque ses gouverneurs le rendroient perpétuellement capable non seulement de se procurer son bien-être physique, mais de l'augmenter sans interruption par les plus légitimes et les plus faciles moyens ; et n'est-il pas indubitable que dans un tel cours de prospérités les monstres dans l'ordre moral de l'espece humaine deviendroient aussi rares que le sont ceux qui échappent à la nature dans son ordre physique?

On se convaincroit alors que ce n'est pas par sa nature que l'homme est enclin et entraîné au mal, et que les désordres dans son moral, ses forfaits et ses crimes ont été forcés sur lui par ceux qui l'ont dénaturé de son noble rang dans l'univers.

Car le Créateur n'a si vivement imprimé à l'homme le penchant de se réunir en société avec ses semblables que dans l'unique vue de ne pas le laisser long-temps sous le vil moral d'un pur animal, et de lui offrir les moyens de s'élever à celui d'homme, le seul que lui fixe sa vraie destination sur la terre.

Mais comme l'espece humaine n'a pu exister dans l'état de société sans avoir des gouverneurs, il a dû nécessairement résulter de là que son moral seroit vrai ou faux suivant qu'elle seroit gouvernée dans les vues du Créateur ou dans les vues arbitraires de ses gouverneurs.

C'est donc manifestement par le plus faux et le plus impie raisonnement qu'on a osé conclure de ce que l'espece humaine s'est montrée dans tous les temps et universellement sur toute la terre sous un moral corrompu, que la corruption étoit originairement inhérente à sa nature, plutôt que d'inférer de là que dans tous les temps et universellement sur toute la terre elle n'a existé que sous des gouvernements faux, puisqu'il est de toute certitude que sous des gouvernements vrais le bien-être physique, l'intelligence, et le vrai moral des peuples ont dû continuellement se développer ensemble dans une même progression.

De là on voit combien se sont trompés dans tous les temps les instituteurs des religions de la terre qui, au lieu d'adresser leurs doctrines à ceux qui tiennent dans leurs mains le moral des peuples, ne les ont prêchées qu'aux peuples seuls, que nulle religion ne pourra porter efficacement au bien tant qu'ils seront pour ainsi dire irrésistiblement entraînés au mal par ceux qui les gouvernent.

La vraie religion de l'espece humaine a dû lui enseigner dans quelles intentions le Créateur l'a placée sur la terre; et c'est à ceux qui prendroient sur eux le gouvernement de cette planete qu'elle a dû être annoncée comme une instruction divine.

Avant toutes choses elle a dû leur apprendre que dans les vues du Créateur l'homme a dû jouir sur la terre des plus précieux biens, et que lui réaliser ces biens a dû être l'objet final de leurs gouvernements; et après les avoir informés de leur auguste mission elle a dû leur tracer les moyens par lesquels ils ont pu devenir capables de l'accomplir au gré du Créateur.

Le plus grand bien-être physique en nécessités, en commodités, et en agréments de la vie que la terre a pu admettre, le plus haut degré d'intelligence dont l'homme a pu être susceptible dans son présent mode d'exister, et un moral pur, voilà ce que le Créateur a voulu que l'espece humaine tînt des mains de ses gouverneurs ; et dans chaque peuple ils ont dû pouvoir effectuer tous ces biens à la fois par un seul et même moyen, par l'augmentation continuelle et bien ordonnée de leurs dépenses générales.

Car de l'augmentation continuelle de leurs dépenses générales a dû nécessairement résulter l'augmentation continuelle du bien-être physique des peuples ; de l'augmentation continuelle du bien-être physique des peuples a dû naturellement résulter l'augmentation continuelle de leur intelligence ; et nul peuple rendu continuellement plus heureux et plus éclairé n'a pu exister sous un moral corrompu.

Mais le grand malheur de l'espece humaine a été que la terre n'ait jamais mon-

tré un seul législateur qui ait su annon-
cer à ses gouverneurs la plus sainte et la
plus efficace de toutes les religions, et
que tous sans exception, au lieu de chercher à approfondir la vraie essence des
gouvernements, ne se sont continuellement occupés que de leurs seules formes.

Dans tous les gouvernements ils ont
regardé le pouvoir suprême, dans telles
mains qu'il ait pu être placé, comme un
pouvoir effrayant, et ceux qui s'en trou-
voient revêtus comme des hommes toujours prêts dans chaque peuple à en abu-
ser contre la liberté et contre la propriété
des individus.

Pleins de cette idée, dans laquelle l'expérience ne les avoit que trop confirmés,
ils ont imaginé que l'unique objet que
devoit avoir à remplir tout gouvernement
sur la terre pour être parfait c'étoit de
rendre les abus du pouvoir suprême im-
praticables.

Et le moyen qui leur a paru le plus
naturel pour assurer aux peuples ce bon-

heur, et contenir le pouvoir suprême dans ses justes limites, a été de le diviser par des lois qu'ils ont appelées fondamentales en ses parties constitutives, et d'en placer l'exercice séparément en différentes mains.

En partant de là ils ont eu soin sur-tout de ne jamais laisser le pouvoir exécutif réuni dans les mêmes mains au pouvoir législatif, mais de séparer ces deux pouvoirs l'un de l'autre en confiant généralement le premier à un seul individu, et le second, soit à chaque peuple en corps, soit à des corporations d'individus sous une variété de dénominations.

Et dans le système de la séparation des deux pouvoirs, les dépositaires du pouvoir législatif ont dû pourvoir eux seuls exclusivement au bonheur et au repos des peuples par de sages et justes lois, et le dépositaire du pouvoir exécutif a dû inviolablement conformer à ces lois l'exercice de son pouvoir.

En divisant ainsi le pouvoir suprême,

les législateurs qui ont eu recours à ce
moyen, pour opérer ce qui dans leurs
idées devoit former la perfection des gouvernements, ont dû nécessairement avoir
supposé qu'il régneroit perpétuellement
entre les deux pouvoirs une harmonie si
parfaite, que jamais aucun d'eux ne fran-
chiroit un seul instant les limites qui lui
auroient été fixées, puisque sans cet accord parfait leur séparation l'un de l'autre
auroit non seulement été une invention
chimérique, mais une source de troubles
et de calamités.

Mais si ceux qui dans les anciens temps
ont été les premiers à fonder des gouvernements mixtes avoient pu survivre au
cours entiers des conséquences qui ont
résulté de leurs institutions, au lieu de
n'en avoir été témoins que dans leur origine et avant que les abus aient eu le
temps de naître, ils auroient vu avec
horreur que, loin d'avoir garanti les peuples des maux auxquels ils étoient exposés sous les gouvernements simples, ils

en auroient au contraire amené sur eux de plus énormes encore.

On n'a qu'à ouvrir les annales des peuples qui autrefois ont existé sous les formes de gouvernements dont il s'agit ici, et l'on verra que sous toutes sans exception les deux pouvoirs n'ont pas été long-temps à perdre de vue l'intérêt public pour ne plus poursuivre que celui de leurs passions, que les dissentions et les factions ont pris entre eux la place de l'union et de la concorde, et que dès-lors ils n'ont cessé d'être en guerre ouverte jusqu'à ce que l'un d'eux eût enfin détruit l'autre, et élevé sur son anéantissement le plus hideux despotisme.

Mais ces effroyables résultats sous lesquels se sont présentés universellement tous les gouvernements, que les anciens législateurs s'étoient flattés d'avoir assis sur les bases de la liberté, n'ont point été capables de décourager les législateurs modernes de la poursuite du même fantôme.

Aussi incapables de pénétrer en quoi a dû consister dans le dessein général du Créateur l'essence des vrais gouvernements de la terre que l'ont été ceux qui les ont précédés, ils n'ont attribué l'imperfection des anciens gouvernements mixtes qu'aux imparfaites précautions que leurs instituteurs avoient prises pour les maintenir dans leur pureté originaire.

Et dans cette aveugle supposition ils ont eu la confiance de croire que rien de plus ne devoit être nécessaire pour donner aux gouvernements mixtes toute leur perfection, et contenir les pouvoirs séparés dans les limites précises qui leur auroient été assignées, que de concerter seulement mieux que ne l'avoient fait les anciens les divisions et les modifications du pouvoir suprême.

Mais pour former un gouvernement libre et le maintenir tel immuablement, il ne suffit pas d'établir sa constitution sur des lois fondamentales, il faut de plus que ces lois fondamentales soient irré-

sistibles, et capables de triompher continuellement des dissentions, des factions,
et des passions désordonnées de ceux qui
partageroient entre eux l'exercice du pouvoir suprême, puisque sans une telle
puissance il seroit impossible qu'elles ne
fussent pas tôt ou tard renversées et fou-
lées aux pieds, quelque parfaites qu'elles
eussent pu paroître dans leurs combi-
naisons.

Or, s'il est de toute certitude que des
lois fondamentales appliquées aux formes
d'un gouvernement faux ne changent
rien à sa nature, et le laissent précisément aussi faux qu'il l'étoit avant leur
application, et si tout gouvernement
faux doit nécessairement tôt ou tard corrompre dans un peuple tous les ordres
d'hommes, comment a-t-on pu imaginer
que sous de tels gouvernements les lois
fondamentales seules se maintiendroient
dans leur pureté, sur-tout lorsque l'expérience a prouvé le contraire universellement dans tous les gouvernements mixtes?

Les lois fondamentales des gouvernements mixtes peuvent bien lutter et se dé-
fendre pendant un temps contre les efforts
des factions qui cherchent à les détruire;
mais, incapables d'opposer continuellement une résistance supérieure aux atta-
ques sans cesse plus violentes de ces factions, elles sont enfin vaincues, dépouil-
lées de toute puissance, et dévorées par
le monstre de l'anarchie, comme l'ont
été toutes celles des anciens gouvernements mixtes, et comme le seront aussi
inévitablement celles qu'ont inventées
les législateurs modernes.

Que dans l'ignorance des principes sur
lesquels ont dû être fondés les vrais gouvernements de la terre, les anciens législateurs aient pu concevoir l'idée de vouloir mettre les peuples à l'abri des vio-
lences du pouvoir suprême par l'invention des gouvernements mixtes; cette idée
ne doit pas étonner; et, n'ayant pas eu le
temps d'apprendre de l'expérience combien leurs institutions à cet égard de-

voient être vaines et funestes dans leurs suites, il étoit naturel pour eux de s'en promettre les plus heureux effets.

Mais comment justifier les législateurs modernes d'avoir pu persister à vouloir fixer la liberté politique des peuples par des gouvernements mixtes, lorsque tout devoit les convaincre, la raison comme l'expérience, qu'il leur seroit impossible, tels raffinements qu'ils pussent imaginer dans les divisions et les limitations du pouvoir suprême, de bannir de ces gouvernements les troubles et les désordres qui devoient nécessairement les conduire par degrés, et au milieu des plus horribles convulsions, à leur totale destruction?

Supposer qu'au moyen de quelques précautions de plus, qu'une imagination exaltée leur auroit suggérées dans la formation de leurs gouvernements, ils aient pu se persuader d'avoir enfin réussi à rendre leurs lois fondamentales invulnérables, ce seroit les considérer comme les plus insensés des hommes , puisqu'ils se seroient persuadé d'avoir réalisé ce qui a dû être impossible , et par conséquent au-dessus de toute entreprise humaine.

Il faut donc plutôt croire qu'ils sont partis de l'idée que nulle constitution de gouvernement n'a dû pouvoir rester long-temps fixe , et que toute la perfection qu'il a pu être au pouvoir de l'intelligence humaine de donner aux gouvernements mixtes c'est de les asseoir sur des lois fondamentales capables de leur assurer la plus longue durée; et n'ayant jamais eu l'idée d'autres gouvernements que de gouvernements faux , ils n'ont malheureusement eu que trop de raisons de n'admettre la stabilité dans aucun gouvernement sur telles lois fondamentales qu'il pût être constitué.

Comment en effet auroit-il été possible que des gouvernements faux eussent pu être susceptibles de stabilité, et que dans le cours de leurs funestes et inévitables vicissitudes le sort des peuples n'eût pas

continuellement été de passer alternati-
vement, et comme dans un cercle, d'un
moment de liberté à l'esclavage, et de
l'esclavage à un moment de liberté?

Car s'il est de toute certitude que sous
des gouvernements faux les peuples n'ont
pu prospérer que d'une prospérité qui
devoit nécessairement amener sur eux
les malheurs et les crimes; et si les malheurs et les crimes des peuples ont dû
naturellement applanir et faciliter aux
hommes factieux leurs destructives entreprises, n'est-il pas de toute évidence
que tout gouvernement faux, sur telles
lois fondamentales qu'il ait pu être constitué, a dû graduellement préparer lui-
même ses révolutions, tandis que tout
vrai gouvernement a dû pouvoir se per-
pétuer sur la terre à l'abri de toutes vicissitudes aussi long-temps que subsistera
cette planete?

Rien de plus ne seroit donc nécessaire
pour corrompre graduellement le plus
vertueux peuple que de lui appliquer les

formes d'un gouvernement mixte; et l'unique chance qu'il pourroit avoir sous un tel gouvernement seroit de ne voir la corruption s'introduire chez lui que lentement et par d'imperceptibles progrès: mais son sort n'en seroit pas moins de se trouver infecté avec le temps du plus hideux moral.

Qu'on demande à ce peuple de l'Europe si fier des formes de son gouvernement mixte si son moral actuel est le même que celui qu'il montroit dans les commencements de son nouveau gouvernement; tous ses individus prononceront sans hésiter le contraire, et conviendront que la corruption s'est progressivement introduite et continue à s'accroître dans tous les ordres de ses hommes, sans en excepter ceux que la constitution a revêtus d'une si importante part dans l'exercice du pouvoir suprême.

Ainsi tout ce qu'a valu jusqu'ici à l'espèce humaine la science des gouvernements s'est réduit à une prospérité fausse,

à des formes fausses appliquées à ses gouvernements, et à des institutions fausses
dans le système entier de son économie
politique; et tels ont dû inévitablement
être les déplorables résultats de l'ignorance des vraies vues dans lesquelles elle
a dû être gouvernée.

Car si ses gouverneurs n'avoient pas
totalement ignoré que le Créateur a eu
ses vues en ne créant la terre qu'impar-
faitement dans son ordre moral comme
dans son ordre physique, il auroit été
impossible que dans le gouvernement de
cette planète ils eussent pu lui opposer
des vues contraires.

S'ils n'avoient pas totalement ignoré
que le Créateur les a destinés à créer eux-
mêmes en son nom tout ce qui manquoit
à la perfection de la terre, il auroit été
impossible qu'ils eussent pu faire tout
le contraire, et dévaster, dépeupler et
désoler cette planète par leurs guerres.

S'ils n'avoient pas totalement ignoré
que gouverner la terre dans les vues du

Créateur a dû les élever au plus splendide et au plus glorieux sort que cette planete ait pu offrir à l'homme, il auroit été impossible qu'ils eussent pu préférer de la gouverner dans leurs fausses et misérables vues.

Enfin, s'ils avoient pu se persuader qu'un Créateur portoit continuellement ses regards sur eux, et les rendroit responsables de tout ce qu'ils n'auroient pas fait pour le bonheur et la dignité dont l'homme a dû jouir sur la terre, il auroit été impossible qu'ils eussent pu s'écarter un seul instant des intentions divines auxquelles il a dû leur être si facile de conformer inviolablement leurs gouvernements.

CHAPITRE XII.

De l'administration des vrais gouvernements.

Ce n'est pas d'une maniere détachée, et sur le seul appui de lois fondamentales, comme on s'est si malheureusement plu de l'imaginer, que la liberté politique des peuples a dû pouvoir exister et se maintenir ; elle a dû être du nombre des avantages inappréciables qui ont dû naturellement émaner de tout vrai gouvernement : et la fonder sur des étaies artificielles d'invention humaine, et nécessairement périssables, ou lui donner pour fondement celui que le Créateur lui a immuablement fixé lui-même, a dû être infiniment différent.

Dans le dessein général du Créateur ce grand intérêt des peuples a dû tenir d'une manière si absolue à leur vraie prospérité, que dans chaque peuple les individus n'ont dû avoir besoin de rien de plus pour être assurés de jouir imperturbablement de la plus parfaite sécurité et dans leurs personnes et dans leurs propriétés, que d'être seulement bénis de gouverneurs qui leur développeroient leur bien-être physique dans une progression continuellement et régulièrement croissante.

Car du moment où les gouverneurs d'un peuple prendroient la sublime résolution de lui développer ainsi son bienêtre physique il seroit impossible qu'ils pussent se permettre les moindres actes arbitraires ni contre la liberté ni contre les fortunes des individus, puisque de tels actes seroient en contradiction manifeste avec l'objet final auquel ils se seroient déterminés eux-mêmes de consacrer inviolablement le système entier de l'économie politique de leurs gouvernements.

Ainsi telle a dû être la nature des vrais gouvernements de la terre que la liberté politique des peuples a dû naturellement en dériver immédiatement, et par conséquent ne jamais exiger d'être ménagée ni par des divisions et des limitations du pouvoir suprême, ni par des lois fondamentales quelconques. Mais on va sentir cette vérité encore mieux.

Dans les vues du Créateur les vrais gouverneurs de la terre n'ont dû avoir qu'un seul pouvoir à exercer dans leurs stations, et cet unique pouvoir a dû être de multiplier dans chaque peuple leur consommation directe et indirecte en nécessités, en commodités, et en agréments de la vie dans une progression continuellement et régulièrement croissante.

Car de l'exercice de cette unique fonction de leur part a dû naturellement résulter d'elle-même la seule chose que le Créateur a entendu commettre à leurs soins, et par conséquent la seule qu'il a voulu que leurs gouvernements dussent embrasser, le développement de tous les pouvoirs et de l'homme et de la terre.

Ils n'auroient donc pas été des vrais gouverneurs s'ils s'étoient attribué le moindre pouvoir, de telle nature qu'il eût pu être, au-delà de celui qu'auroit nécessairement exigé ce double développement ; car il est manifeste qu'ils n'auroient pu s'en attribuer davantage que dans l'unique intention d'en faire usage dans la poursuite de leurs propres vues, puisque l'accomplissement de celles du Créateur n'en auroit eu aucun besoin.

Un pouvoir aussi simple devoit donc naturellement être indivisible, et par conséquent ne point admettre d'être partagé et placé en différentes mains : et voilà comment sous des gouvernements vrais les peuples n'ont jamais pu être exposés aux factions et aux calamités que traîne nécessairement après elle dans tous les gouvernements mixtes la division du pouvoir suprême.

Mais s'il est manifeste que dans les vrais gouvernements de la terre le pouvoir suprême n'a dû ni pu être divisé, ne devoit-il pas au moins être nécessaire d'en assujétir l'exercice à la surveillance de corporations indépendantes, et créées pour cet effet par des lois fondamentales?

Car des gouverneurs inattentifs ou infidèles à leurs vraies fonctions n'auroient-ils pas pu arrêter le cours de la prospé-

rité des peuples en négligeant de multiplier leurs dépenses générales? n'auroient-
ils pas pu multiplier leurs dépenses générales irrégulièrement, et forcer ainsi
sur les peuples une fausse prospérité?
n'auroient-ils pas pu profaner leurs dépenses générales aux vues les plus perverses, et oublier que le développement de
la vraie prospérité des peuples devoit en
être l'unique objet? Et comment prévenir
de tels écarts de leurs devoirs, ou les en
ramener?

Ce n'est certainement pas avec l'intervention de corporations d'individus per-
manentes et instituées dans cette vue; car
combien n'a-t-on pas vu de corporations
de cette nature qui, sans égards quelconques pour les solennelles fonctions qui
leur étoient imposées, se sont vendues au
pouvoir suprême, et lui ont facilité des
abus que sans leur sanction il n'auroit
jamais osé se permettre? et d'après ces
exemples ne seroit-il pas insensé de vou-

loir fonder sur de telles institutions la
protection des peuples contre les actes
arbitraires de leurs gouverneurs?

C'est aux peuples eux-mêmes qu'il a
dû appartenir de suivre la conduite de
leurs gouverneurs dans l'exercice de leurs
fonctions; car comme c'est sur eux que
frapperoient immédiatement toutes irrégularités à cet égard, il est manifeste
qu'eux seuls devoient être les mieux qualifiés à s'en constituer les juges : et l'on
va indiquer ici la maniere simple dont
chaque peuple a pu prendre sur lui cette
importante surveillance.

S'il est certain que dans tout peuple
bien gouverné la prospérité a dû continuellement s'étendre sur toute sa population, il est évident que c'est sur cette
condition absolue que les vrais gouverneurs de la terre ont dû nécessairement
avoir à régler la multiplication de leurs
dépenses générales, puisque c'est de ces
dépenses substituées désormais au com-

merce extérieur que chaque peuple a dû
tenir sa prospérité.

Mais comment ont-ils pu devenir capables de s'acquitter continuellement de
ce grand devoir? en divisant et subdivi-
sant le territoire de chaque peuple en
parties distinctes, et constatant dans chacune périodiquement la population des
agriculteurs et des manufacturiers.

Car comme c'est sur les progrès dans
la population de ces deux classes d'hommes qu'ils ont dû mesurer dans chaque
peuple la multiplication de leurs dépenses générales, afin de ne jamais laisser
sans travail les nouveaux agriculteurs et
les nouveaux manufacturiers qu'ils créeroient continuellement, il est manifeste
que l'unique moyen par lequel il ait pu
être en leur pouvoir d'arriver à la connoissance de ces progrès avec la préci-
sion nécessaire, et par conséquent de
manière à être certains de répandre sans
cesse la prospérité universellement sur

tous les individus, c'est de les constater
séparément dans les différentes divisions
et subdivisions des territoires de leurs
peuples, et d'y proportionner ensuite
dans chacune la multiplication de leurs
dépenses générales.

Or on va voir que ces mêmes divisions
et subdivisions de territoires, qui rendroient les vrais gouverneurs de la terre
si facilement capables d'étendre continuellement la prospérité sur tous les individus de leurs peuples, procureroient
aussi à leurs peuples la facilité de les
surveiller dans l'exercice de leurs fonctions, et de les avertir bien vite des
moindres irrégularités qu'ils commettroient à cet égard.

Les divisions et les subdivisions des
territoires des peuples ont été désignées
sous une variété de noms ; mais comme
le choix de ces noms est arbitraire, on
appellera ici les divisions provinces, et
les subdivisions cantons. On auroit soin,
autant que cela seroit possible, d'égaliser

les provinces en étendue, ainsi que les cantons dans lesquels elles seroient subdivisées, et de ne pas former les cantons sur des dimensions trop grandes.

Pour donner à chaque peuple la facilité de surveiller ses gouverneurs dans le développement de sa prospérité, et en même temps les moyens de les ramener des négligences ou des erreurs qu'il auroit à leur reprocher, voici comment les provinces et les cantons seroient organisés.

Dans chacun des cantons qu'embrasseroient ensemble les provinces dans lesquelles se trouveroit réparti le territoire d'un peuple, il seroit fixé un chef-lieu où résideroit une corporation sous le nom usité de municipalité, dont les fonctions seroient, indépendamment de celles de la police générale de son canton, d'y juger les différents et les délits des individus, d'y percevoir les contributions publiques, et de veiller au cours de sa prospérité.

Elle jugeroit dans son canton les différents et les délits des individus qui, dans un peuple qu'un gouvernement vrai rendroit heureux et honnête, deviendroient infiniment plus rares que dans un peuple malheureux et corrompu, et la dispenseroient par conséquent de la nécessité d'exercer fréquemment ses fonctions de juge : et comme dans un tel peuple les lois et leurs formes seroient non seulement simples, mais peu nombreuses, il seroit facile de s'en imprimer la connoissance, et dans leurs décisions les juges ne pourroient jamais rencontrer de difficultés.

Car ce n'est que sous des gouvernements qui corrompent les peuples, et multiplient avec les malheurs et les crimes les différents et les délits des individus, que les jugements deviennent difficiles, et demandent des discussions longues et pénibles, parceque ce n'est que sous de tels gouvernements que les lois sont non seulement nombreuses, mais

si compliquées dans leurs formes que la
vie entiere d'un homme lui suffit à peine
pour en acquérir la connoissance.

Dans chaque canton il y auroit appel
en dernier ressort des jugements de sa
municipalité à la municipalité du chef-
lieu de la province à laquelle il appartiendroit ; et des jugements que porteroit la
municipalité du chef-lieu d'une province
sur les différents et les délits des individus
de son canton il y auroit appel en dernier
ressort à la municipalité du chef-lieu le
moins distant d'une province voisine.

Chaque municipalité seroit aussi chargée du soin de percevoir les contributions
publiques dans son canton ; le registre
des revenus annuels de tous les individus
contribuables seroit pour cet effet déposé
dans ses mains, et elle recevroit et in-
scriroit continuellement dans ce registre
les déclarations des revenus annuels que
seroient graduellement obligés de faire
les nouveaux contribuables.

Et dans chaque canton cette perception

du revenu public pourroit s'effectuer de deux manieres, soit par un ou plusieurs agents que la municipalité nommeroit pour aller recevoir de chaque individu la contribution à laquelle il auroit été fixé pour toujours, soit en obligeant chaque individu de l'apporter lui-même à la municipalité.

Et c'est ainsi que les deux plus importantes branches de l'administration des gouvernements, celle de la justice et celle du revenu public, qui dans le présent ordre de choses exigent tant de mesures, tant d'agents, et tant de vexations, résideroient dans chaque peuple exclusivement dans les mains de ses municipalités, sans que jamais ses gouverneurs eussent à s'en mêler ni à y intervenir autrement que par leur suprême surveillance.

Il est manifeste que nulle objection ne pourroit être faite contre cette double fonction qu'on attribueroit aux municipalités des peuples, dès qu'on en choisiroit les membres précisément dans le même ordre d'hommes auxquels on confie aujourd'hui l'administration de la justice et la perception du revenu public.

Enfin la plus essentielle de toutes les fonctions qu'auroient à prendre sur elles les municipalités seroit celle de veiller sans cesse sur le cours de la prospérité de leurs cantons, et de réclamer le prompt redressement de tout ce qui l'arrêteroit ou contrarieroit dans ses progrès. Et voici comment il leur deviendroit facile de remplir ce grand devoir.

La municipalité établie dans la ville capitale de chaque peuple seroit chargée de publier périodiquement un journal qui porteroit pour titre *Annonces des besoins et des griefs de la nation*, et qui seroit imprimé aux frais du gouvernement pour être continuellement transmis aux municipalités des cantons dans toutes les provinces.

Chaque municipalité auroit le droit de se plaindre des torts qu'elle auroit à imputer à ses gouverneurs dans le dévelop-

pement de la prospérité de son canton,
et d'adresser ces plaintes à la municipalité de la capitale pour être par elle insé-
rées et publiées dans son journal, comme
elle-même y publieroit les siennes.

Nulle municipalité, il est vrai, ne pourroit former de pareilles plaintes contre
les gouverneurs sans les fonder sur les
plus incontestables preuves ; comme lorsque son canton montreroit des individus
incapables de trouver du travail ou de se
procurer par le travail la suffisance de la
vie, et par conséquent des mendiants
forcés ; lorsque le prix des choses y haus-
seroit ou baisseroit sans nulle autre cause
que l'irrégularité dans les dépenses générales du gouvernement ; lorsque les communications sur son territoire seroient
imparfaites par l'imperfection des che-
mins et le défaut de canaux navigables ;
en un mot lorsqu'il manifesteroit dans
son économie politique les plus indubi-
tables signes d'un faux cours de prospérité.

Alors il seroit accordé au ministre coupable de tels désordres un temps suffisant pour réparer sa pernicieuse administration; car jamais aucun mal ne seroit imputé aux gouverneurs des peuples eux-mêmes; et si à l'expiration de ce terme le ministre n'avoit point remédié à ces désordres, la municipalité du canton ainsi négligé dans sa prospérité demanderoit, par le canal du journal de la capitale, la destitution d'un ministre aussi indigne de sa station.

Et si un ministre proscrit à si juste titre étoit encore conservé en place, toutes les autres municipalités de la province à laquelle appartiendroit le canton mal administré se réuniroient à sa municipalité pour adresser solennellement à celle de la capitale, non seulement la plus sévere censure d'un tel déni de justice, mais le plus absolu refus de s'y soumettre.

Les gouverneurs de la terre ont dû nécessairement se faire assister dans l'exercice suprême de leurs fonctions par des

ministres capables de les seconder à cet
égard, et de la conduite desquels ils ont
dû être responsables envers leurs peuples.

Et comme dans nul peuple gouverné
dans les vues du Créateur les gouverneurs
n'ont dû avoir plus qu'une seule fonction
à remplir, celle de multiplier continuellement leurs dépenses générales dans une
progression régulièrement croissante, il
est manifeste que l'assistance qu'ils ont
dû avoir à demander aux ministres qu'ils
se choisiroient a dû aussi nécessairement
se borner à cette unique fonction.

Car du moment où ils se donneroient
des ministres pour l'exercice de toute
autre fonction que celle à laquelle ils devoient se borner d'une maniere absolue
ils cesseroient d'être des vrais gouverneurs, puisque dans le choix de ces ministres ils n'auroient pu avoir pour objet
que de les destiner à la poursuite de vues
étrangeres à celles qui leur auroient été
immuablement fixées dans le dessein général du Créateur.

Les vrais gouverneurs de la terre n'auroient donc point à se donner des ministres de la guerre, puisque la guerre a dû être proscrite d'une maniere absolue de tout vrai gouvernement, comme totalement destructive du vrai mécanisme de son économie politique.

Ils n'auroient point à se donner des ministres des finances, puisque dans tout vrai gouvernement les contributions publiques des peuples ont dû rester pour chaque individu immuablement fixées à la même somme, et que les municipalités ont pu les percevoir plus facilement, plus simplement, et avec infiniment moins d'agents et de frais qu'elles ne le sont dans l'ordre actuel des choses.

Ils n'auroient point à se donner des ministres de la justice, puisque dans tout vrai gouvernement cette branche de l'administration seroit confiée exclusivement aux municipalités des peuples, et pourroit être aussi régulièrement exercée par elles que par tous autres tribunaux.

Ils n'auroient point à se donner des ministres des relations extérieures, puisque dans tout vrai gouvernement ils ont dû concentrer toutes leurs vues dans l'intérieur des territoires de leurs propres peuples, et ne jamais s'immiscer dans les affaires des autres.

Ainsi, tel nombre de ministres que pussent se choisir les vrais gouverneurs de la terre, tous n'auroient précisément que le même ministere à remplir, celui d'ajuster continuellement dans chaque peuple les dépenses générales du gouvernement à des progrès régulièrement croissants dans le développement de sa prospérité, et de faire arriver successivement au trésor national, qui seroit établi dans la ville capitale de chaque peuple, les contributions publiques que les municipalités auroient perçues dans les cantons.

Chaque province auroit son ministre particulier, et détermineroit par conséquent l'espace du territoire sur lequel il auroit continuellement à ménager les dépenses générales du gouvernement, comme le lui imposeroit l'objet final de ses fonctions : et voilà comment chaque ministre auroit précisément le même ministere dans son ressort que tous les autres dans les leurs.

Par cette maniere naturelle de fixer dans chaque peuple les ressorts particuliers des ministres des gouvernements, on proportionneroit non seulement leurs fonctions à des tâches qu'ils pourroient facilement remplir, mais on exciteroit en eux l'émulation de ne point se céder les uns aux autres dans la bonne administration de leurs provinces ; et dans tous les cas chaque province et chaque canton mal administrés sauroient sur-le-champ à quel ministre s'en prendre des fausses mesures sur lesquelles seroit conduite son économie politique.

Après avoir fait voir combien seroit simple et facile dans toutes ses branches l'administration complete des vrais gouvernements de la terre, on ne peut s'ab-

stenir de faire ici une observation, que
l'on sait malheureusement d'avance n'être
d'aucune utilité dans l'ordre actuel et in-
vétéré des choses ; par-tout l'espece humaine a des gouverneurs, et n'a par conséquent plus à se les donner.

Mais si dans l'origine des sociétés humaines chaque peuple se fût donné un
seul gouverneur avec l'unique pouvoir
de lui développer sa prospérité dans une
progression continuellement et réguliérement croissante, et que ce seul gouverneur se fût choisi des ministres comme
on vient de l'indiquer, le moyen le plus
naturel de le remplacer à sa mort auroit
été de lui donner pour successeur, de
droit et sans élection quelconque, le ministre le plus ancien dans le ministere :
d'un tel ordre de succession continué à
perpétuité auroient résulté des avantages
inestimables.

Il auroit présenté dans chaque peuple
à tous les individus indistinctement l'é-
clatante perspective de pouvoir aspirer

et s'élever au suprême rang ; il auroit prévenu les guerres de succession et d'élection qui ont inondé la terre de tant de sang ; il n'auroit plus exposé les peuples à la chance d'avoir pour gouverneurs des enfants, des imbécilles, des tyrans, ou des hommes plongés dans tous les genres de vices et de sensualités.

En un mot c'est alors seulement que les peuples n'auroient perpétuellement été gouvernés que par des hommes d'un âge mûr, habitués au travail, versés par une longue pratique dans l'art d'administrer, et à qui par conséquent rien n'auroit manqué pour être des gouverneurs accomplis. Mais il faut laisser là ces tristes et inutiles réflexions.

Indépendamment des fonctions que les ministres des vrais gouvernements auroient à exercer séparément les uns des autres dans leurs ressorts particuliers, il leur resteroit encore à remplir un devoir infiniment important, celui de pourvoir avec fidélité aux dépôts annuels en métaux précieux en monnoies qu'exigeroient continuellement les réalisations du vrai crédit public.

Ce ne seroit point ensemble, c'est-à-dire en corps, qu'ils s'acquitteroient de ce devoir sacré, mais tour-à-tour, et chacun pour un temps limité qu'on pourroit fixer à un an; et l'ordre dans lequel ils se succéderoient les uns aux autres dans l'exercice de cette fonction seroit réglé une fois pour toutes, soit entre eux, soit par le sort.

Ils déposeroient les gages du vrai crédit public dans un édifice qui seroit pour cet effet érigé dans la ville capitale de chaque peuple; et la municipalité de cette ville auroit non seulement le droit d'inspecter le dépôt de ces gages aussi souvent qu'elle le jugeroit à propos, mais d'en publier chaque fois par la voie de son journal la fidele ou l'infidele exécution; et chaque municipalité des provinces seroit également autorisée à députer des membres pour l'inspection de ces dépôts.

Chaque peuple connoîtroit donc continuellement le ministre qui auroit livré des émissions du vrai crédit public à la circulation générale sans avoir préalablement déposé les métaux précieux en monnoies nécessaires à leurs réalisations, ou qui auroit osé déplacer ceux qui auroient été déposés dans cette vue.

Et comme violer ainsi la foi publique seroit un crime infiniment au-dessus des crimes les plus atroces que les lois punissent du dernier supplice, puisque ce seroit amener sur tout un peuple la plus affreuse calamité, un ministre qui se rendroit coupable d'un crime aussi énorme seroit infiniment plus digne de mort que les parricides, les incendiaires, et les assassins.

Une punition plus redoutable que la mort seroit donc à juste titre réservée à tout ministre qui se seroit permis la moindre émission du vrai crédit public sans l'avoir assise sur ses bases sacrées, ou qui auroit osé enlever les gages des émissions déja livrées à la circulation gé-

nérale : et voici quelle seroit cette punition.

Le ministre accusé seroit saisi et em-
prisonné sans nulle forme de procès par
les ordres de la municipalité de la capitale, et sur la simple évidence qu'auroit
fournie contre lui la preuve oculaire, et
par conséquent la plus incontestable de
toutes les preuves qu'elle auroit eue de sa
criminelle prévarication.

On le dépouilleroit ensuite de ses vête-
ments pour le couvrir de haillons, et
dans cet état il seroit placé sur un tombereau semblable à ceux qui servent à
mener les criminels ordinaires au dernier
supplice, en portant devant et derriere
un écriteau sur lequel seroit écrit en gros-
ses et lisibles lettres les mots, *Ennemi du
bien public et traître à la patrie.*

Sur ce tombereau il seroit conduit en
plein jour et à petites journées depuis la
capitale jusqu'aux frontieres du territoire, pour être là confiné solitairement
dans une prison d'état dont le séjour se-

roit rendu aussi hideux pour lui que le mériteroit l'énormité de son crime.

Tel seroit le sort que subiroit irrémissiblement tout ministre qui auroit osé donner atteinte au vrai crédit public de telle maniere que c'eût pu être ; mais qu'il étoit sans doute superflu de tracer ici, puisque jamais ministre d'un vrai gouvernement ne pourroit avoir ni intérêt ni motif quelconque de se rendre coupable d'un tel crime.

Ceux qui n'ont eu jusqu'ici que des idées fausses des gouvernements de la terre seront étonnés que, dans un chapitre où l'on s'est proposé de tracer dans son absolu nécessaire l'administration des vrais gouvernements, on n'ait placé nulle part un pouvoir législatif, ni même parlé de ce pouvoir, quoiqu'il ait été considéré dans tous les temps comme la plus importante branche de tout gouvernement bien ordonné.

Mais comme on a prouvé démonstrativement dans cet ouvrage que dans les vrais gouvernements de la terre tout a été prévu, et si immuablement déterminé d'avance de toute éternité, qu'il n'a dû être nécessaire que de les maintenir vrais inviolablement pour que jamais rien ne pût y occasionner ni nouvelles précautions, ni nouvelles mesures, ni nouvelles lois ; il est manifeste que dans aucun cas ils n'ont dû avoir besoin d'institutions purement humaines.

Car comme c'est le Créateur lui-même qui a été le suprême législateur sur la terre, et que c'est de son intelligence infinie que sont émanées les lois ou plutôt qu'est émanée l'unique loi sur laquelle il a prescrit une fois pour toutes à ceux qui gouverneroient de fonder l'économie politique de leurs gouvernements, il est manifeste que dans son dessein général il n'a entendu leur laisser pour toute prérogative que le simple pouvoir exécutif de sa divine loi.

Ce ne sont que les gouvernements adaptés aux seules vues de ceux qui gouver-

nent qui ont pu avoir besoin de lois étrangeres à celles du Créateur, et par conséquent d'un pouvoir législatif humain,
parceque ce n'est que dans de tels gouvernements que rien n'a dû pouvoir rester immuablement fixe, que les déterminations d'un jour ont dû continuellement
céder la place à celles d'un autre jour, et
que les nouvelles mesures et les nouvelles
lois ont dû se succéder les unes aux autres comme se succéderoient les circonstances qui en commanderoient la nécessité.

Et cette vérité est si incontestable,
qu'on n'auroit besoin de rien de plus, si
l'on vouloit apprécier avec certitude les
degrés dans lesquels les différents gouvernements de l'Europe seroient faux
et les peuples corrompus, que de compter seulement dans chacun les volumes
de lois qui seroient émanées du pouvoir
législatif ; nulle preuve ne seroit ni ne
pourroit être plus indubitable.

Cependant, comme un gouvernement

faux devenu un gouvernement vrai s'établiroit sur des vues et des moyens totalement opposés, et ne pourroit par conséquent plus laisser subsister les mesures et les lois adaptées à ses désordres et à ses vices précédents, on va indiquer ici la maniere dont ses nouvelles lois, nécessairement plus simples et moins nombreuses pour l'avenir, seroient formées.

Le nouveau code de lois que les municipalités auroient à prendre pour seule regle de leurs jugements seroit concerté dans chaque peuple par ses gouverneurs avec l'assistance de leurs ministres, et ils en présenteroient le plan à la municipalité de la capitale pour être par elle publié dans son journal et communiqué à toutes les municipalités dans les provinces.

Ce code, qui ne contiendroit que les lois civiles et criminelles précisément nécessaires à un peuple qui entreroit dans un cours de régénération, seroit examiné et discuté non seulement par la municipalité à laquelle il auroit d'abord été adressé, mais par toutes les municipalités des provinces, et il seroit fixé un temps raisonnable à toutes ces discussions.

À l'expiration du térme fixé aux discussions du code il seroit formé une assemblée dans la ville capitale, composée des membres de sa municipalité et d'un ou de plusieurs membres des municipalités des provinces, dans laquelle le code des lois seroit de nouveau examiné et discuté, et après mûre délibération accepté, soit purement et simplement, soit avec les modifications que l'assemblée auroit jugé nécessaire d'y apporter.

Il seroit ensuite muni des signatures de tous les membres de l'assemblée, et transmis ainsi sanctionné au gouvernement et à toutes les municipalités des provinces, pour être déposé dans leurs archives, et servir de fondement à toutes les décisions qu'elles auroient à porter sur les différents et les délits des individus de leurs cantons.

Tel seroit le corps législatif et l'unique

organe des lois dans tout vrai gouvernement, et tel le canal par lequel les vrais
gouverneurs des peuples auroient nécessairement à manifester toute mesure et
toute loi qu'ils croiroient avoir à proposer pour le bien public, afin que jamais
rien d'arbitraire ne pût être forcé sur les
peuples, et que dans chaque peuple les
lois ne fussent définitivement arrêtées
que par le concours le plus général de ses
individus, au lieu de l'être par un petit
nombre de représentants incorporés pour
cet effet, et tôt ou tard asservis au pouvoir suprême, comme l'expérience ne l'a
que trop prouvé jusqu'ici.

Ce seroit aussi à la municipalité de la
ville capitale que les vrais gouverneurs
des peuples donneroient connoissance
immédiatement de chaque émission de
papier-crédit qu'ils auroient jugé nécessaire de créer dans leurs mains pour
leurs dépenses générales, en spécifiant
sa date, son montant, et l'objet auquel
elle seroit destinée; et la municipalité au-

roit soin de publier ces détails chaque
fois dans son journal, pour l'information
des municipalités des provinces, et du
public en général.

On n'a point dit par qui les membres
des municipalités seroient constitués,
quel nombre ils formeroient dans chaque
municipalité, quels seroient leurs salaires, ni combien de temps ils resteroient
en place, ces détails n'appartenant point
à cet ouvrage et étant réservés pour les
occasions; on observera seulement que,
ni pour l'exercice de leurs fonctions, ni
pour leurs salaires, ils ne seroient dans
aucune dépendance du pouvoir suprême,
et ne pourroient jamais être déplacés par
lui.

On va finir ici cet ouvrage, quoiqu'on
eût encore pu l'étendre utilement au-
delà des limites qu'on a jugé nécessaire de
lui fixer : cependant on croit n'y avoir
essentiellement rien omis pour présenter
à ceux qui gouvernent une idée complete de ce qui a dû former un vrai gou-

vernement sur la terre, et faire voir en
même temps avec quelle facilité chaque
peuple a pu être béni d'un tel gouvernement.

Et comme élever des doutes sur la vérité des principes et des moyens sur lesquels on a fondé l'économie politique
des vrais gouvernements semble être impossible, on ne doit pas s'attendre de
rencontrer de vrais contradicteurs: les
hommes de bien craindront seulement
que les désordres des gouvernements actuels n'opposent des obstacles insurmon-
tables à l'adoption d'un meilleur ordre
de choses.

Mais on a déjà fait voir que les gouvernements de l'Europe, en se libérant
de leurs dettes par le vrai crédit public,
et libérant en même temps les peuples
des taxes qu'ils supportent pour l'intérêt
de ces dettes, se trouveroient parfaitement préparés pour l'introduction des
vrais principes et des vrais moyens dans
leur économie politique: quels seroient
donc les obstacles qui pourroient les

contrarier dans cette sublime entreprise?
les guerres, qu'on regarde comme des
fléaux inévitables.

Il est incontestable que nul gouvernement ne peut être vrai ni subsister comme
tel avec la guerre, parcequ'il est de toute
impossibilité qu'un système destructeur
puisse s'allier un seul instant avec un
système créateur; car détruire est l'objet
final de la guerre, tandis que créer est
celui de tout vrai gouvernement: l'un
réalise les grandes et bienfaisantes vues
du Créateur, et l'autre les anéantit; l'un
couvre la terre de splendeur et de magnificence, et l'autre la dévaste et la ra-
mene à sa primitive difformité; en un
mot l'un fait la félicité, et l'autre la dé-
solation de l'espece humaine.

Mais un gouvernement qui se péné-
treroit enfin des faux et impuissants
expédients sur lesquels il auroit si long-
temps et si malheureusement conduit
son économie politique, et qui se détermineroit religieusement à ne plus suivre
que les seuls moyens que le Créateur a

tracés lui-même aux gouverneurs de la terre dans le système de cette planete, pourroit facilement se garantir de toute guerre, et se mettre en état de poursuivre sans interruption ses divines intentions.

Il n'auroit qu'à rendre son territoire impénétrable à toute attaque du dehors, et garnir pour cet effet ses frontieres dans toute leur étendue d'une double, et, s'il étoit nécessaire, d'une triple chaîne de places fortes érigées dans les situations les plus propres à arrêter le plus redoutable ennemi.

Les moyens pour subvenir à la dépense qu'exigeroient de telles précautions, quelque immense que cette dépense puisse paroître, ne manqueroient point; le vrai crédit public les fourniroit lui seul sans charges extraordinaires quelconques sur le peuple, à la sécurité et au bonheur duquel ces précautions seroient consacrées.

Il faudroit seulement que le gouvernement qui se détermineroit à fortifier ainsi les frontieres de son territoire eût soin d'ériger ces fortifications dans des places isolées, et qu'il renonçât à l'usage inhumain de les lier à des villes ordinaires, et de faire participer des citoyens innocents et paisibles aux meurtres et aux incendies des sieges, dans lesquels ils sont non seulement inutiles, mais si souvent à charge. Les nouvelles places fortes ne seroient uniquement composées, comme le sont les armées, que de militaires et de pourvoyeurs à tous leurs besoins.

Par la construction de tant de places fortes le gouvernement procureroit du travail à d'innombrables individus peut-être incapables d'en trouver; et par la dépense que ces constructions exigeroient il s'acquitteroit de l'unique fonction qu'il a dû avoir à remplir, celle de créer la prospérité par ses dépenses générales.

Mais, sans toutes ces précautions, il suffiroit, pour rendre les guerres impos-

sibles, que deux ou trois grands états en
Europe voulussent sérieusement extirper
de l'économie politique de leurs gouvernements tout ce qui n'y auroit pour objet que leurs propres vues, pour ne l'a-
dapter qu'aux seules vues du Créateur,
et qu'ils s'unissent ensemble par une al-
liance offensive et défensive contre tout
perturbateur du repos public.

Car tant que multiplier dans le sein
de leurs peuples les richesses naturelles
et artificielles ne se présentera point à
l'esprit de ceux qui gouvernent comme
l'unique maniere réelle d'étendre leurs
territoires, et qu'ils ignoreront qu'il est
en leur pouvoir de les étendre ainsi continuellement eux-mêmes, ils chercheront à envahir ceux d'autres peuples pour
conquérir de simples surfaces.

Tant qu'ils ignoreront qu'il est en leur
pouvoir de multiplier continuellement
eux-mêmes la population de leurs peuples, ils chercheront à lui donner des
accroissements en conquérant celle d'autres peuples.

Tant qu'ils ignoreront qu'il est en leur pouvoir de multiplier continuellement eux-mêmes leur revenu public, ils chercheront à lui donner des accroissements en conquérant de nouveaux contribuables dans le sein d'autres peuples.

En un mot, tant qu'ils ignoreront que dans le dessein général du Créateur ils ont dû perpétuellement pouvoir se donner dans la plus profonde paix ce qu'il seroit de toute impossibilité qu'ils pussent se promettre des plus triomphantes guerres, ils continueront à dévaster, dépeupler, et désoler la terre.

Car que veut dire la balance des pouvoirs que ceux qui gouvernent les peuples de l'Europe cherchent à maintenir parmi eux avec tant de sollicitude? n'offre-t-elle pas la plus incontestable preuve qu'ils savent d'avance que celui d'entre eux qui se seroit élevé à assez de puissance pour se sentir capable d'entreprendre la conquête des autres en formeroit indubitablement l'horrible dessein? et ne sont-ils pas tous à cet égard seul dans un état de guerre continuel, sans compter tant d'autres motifs qu'ils peuvent donner à leurs guerres?

Il est donc de toute évidence que l'unique moyen de bannir à jamais les guerres de la terre c'est de faire régner universellement sur toute cette planete des gouvernements vrais; et vouloir faire jouir les peuples d'une paix perpétuelle sous des gouvernements fondés sur les seules vues de ceux qui gouvernent, seroit la plus chimérique de toutes les entreprises et le comble de l'imbecillité.

FIN.

TABLE

DES CHAPITRES.

FIN DE LA TABLE DES CHAPITRES.